)23

Susan H. Swetnam

*Traducido por*
Luis Baudry-Simón

**LITURGICAL PRESS**
Collegeville, Minnesota

www.litpress.org

*Nihil Obstat:* Rev. Robert Harren, J.C.L., *Censor Deputatus*
*Imprimatur:* ✛ Most Rev. Donald J. Kettler, J.C.L., D.D., Bishop of
St. Cloud, May 13, 2022

Diseño de portada por Monica Bokinskie.
Arte de portada cortesía de Getty Images.

ISSN: 2692-6423 (edición impresa); 2692-6458 (e-book)
ISBN: 978-0-8146-6750-7    978-0-8146-6752-1 (e-book)

# Introducción

"¿Ya es hora de volver de nuevo a la Cuaresma?", preguntó la mujer. Se autoidentificaba como "católica en recuperación"; dio un pequeño escalofrío fingido. "Esa era una de las cosas que odiaba de la religión", me dijo. "Cuando era niña, siempre nos presionaban para que admitiéramos lo malos que éramos. Si nos gustaba alguna chuchería inocente, eso era *exactamente* a lo que debíamos renunciar. La iglesia tenía un aspecto lúgubre; las homilías eran duras. ¡Para mí no hay religión! Puedo inventarme mucha culpa yo misma, ¡muchas gracias!".

Si tienes la bendición de haber tenido buenos catequistas y consejeros espirituales, si has leído y rezado sobre este tiempo, apuesto a que respondes a esa opinión de la Cuaresma con tristeza, como yo. ¡Cuánto le faltaba a esta mujer! Qué equivocado es imaginar esta experiencia anual de examen, ayuno, oración y penitencia como una invitación al desprecio por sí mismo, cuando lo que realmente nos invita a abrazar son los nuevos comienzos que dan vida.

No hay duda de que la Cuaresma conlleva un duro trabajo espiritual y psicológico. Puede inspirar dolor examinar con franqueza nuestra conciencia y admitir que nos hemos desprendido de la relación correcta con Dios y con los demás. Resolver deshacerse de los hábitos pecaminosos y hacer la labor necesaria para seguir adelante puede ser un reto incluso para los más idealistas y decididos.

Sin embargo, hay un "resto de la historia" glorioso para la Cuaresma: la paz gozosa que resulta de la penitencia realizada correctamente. La propia liturgia del Miércoles de Ceniza hace eco de esa paz. *Regresa, levántate, vuelve a mí*, invita suavemente, mientras las lecturas y la música recuerdan la antigua promesa de misericordia de Dios y nos animan a superar el miedo y a confiar en la gracia amorosa. Es cierto que podemos regresar a Dios en cualquier momento. Pero las Escrituras de este tiempo sugieren con particular claridad cómo se podría alcanzar esa reconciliación.

El mismo hecho de que la Cuaresma se celebre anualmente hace hincapié en que la invitación de Dios es perenne. Crecer en sabiduría y bondad no es cuestión de una conversión por única vez, una sola oportunidad, absoluta y alcanzada gracias a un rayo espectacular y salvador. Por el contrario, se trata de un proceso de segundas (y terceras, y siempre renovadas) oportunidades que duran toda la vida y que nuestra naturaleza pecaminosa hace inevitablemente repetitivo. En este espíritu, las Escrituras y los ritos familiares de la Cuaresma invitan a recordar las conversiones grandes y pequeñas que alguna vez inspiraron, recordándonos que, a pesar de la reincidencia y el pecado, los brazos de Dios siempre están abiertos, anhelando abrazarnos de nuevo a nosotros, los hijos pródigos.

Espero que estas reflexiones, meditaciones y oraciones sean un complemento útil para los otros tipos de "pan" que te apoyan en esta Cuaresma, y que tu tiempo sea de crecimiento, comprensión e incluso (¡con el riesgo de asombrar a los detractores de la Cuaresma!) de un gozo profundamente sustentador.

# REFLEXIONES

## La Cuaresma que pasé por alto

**Lecturas:** Jl 2, 12-18; 2 Cor 5, 20-6, 2 Mt 6, 1-6 16-18

**Escritura:**
"Perdona, Señor, perdona a tu pueblo . . ." (Jl 2, 17)

**Reflexión:** En los años inmediatamente posteriores a mi conversión, abracé con entusiasmo la práctica de la autodisciplina programática de la Cuaresma, deleitándome en ser una "católica auténtica". Qué orgullosa me sentí cuando todas las casillas de lo que había que hacer y lo que no estaban marcadas para cuando llegó el Sábado Santo: dulces decididamente rechazados, tiempo "sacrificado" para el Vía Crucis, míseras comidas consumidas, favores diarios realizados. Y algunos de esos hábitos incluso se mantenían . . . temporalmente. Treinta años más tarde, sin embargo, el espíritu de esa observancia inicial de la Cuaresma me parece a la vez infantil y erróneo: tan mecánico, tan autocomplaciente, tan confuso en cuanto a la causa y el efecto.

El cambio de actitud comenzó en el año 2002, cuando un ser querido estaba muriendo. Ese año, elaborar una lista de control de sacrificios personales mediante la negación del café o la televisión parecía ridículo, al igual que abrazar *cualquier* observancia de la fe en ese momento o alguna otra vez. Esa fue la Cuaresma que me pasé por alto. Sin embargo, fue la que comenzó a enseñarme la diferencia entre los caminos de Dios (misteriosos, imagen eterna) y los nuestros (transaccionales, a corto plazo). Qué tonta había sido con mis planes engreídos de superación personal, como si contar el éxito con números fuera a impresionar a un padre demasiado consciente de mi naturaleza fundamentalmente pecaminosa, como si yo pudiera juzgar y controlar los sacrificios que se requerían . . . como si yo pudiera controlar alguna cosa. Nuestra fe nos enseña que incluso el voto de emprender disciplinas cuaresmales es una inspiración de Dios, una señal de que lo divino nos atrae enérgicamente. Ser movidos hacia la penitencia es una cuestión de gratitud, no de satisfacción de sí mismo.

En estos días me parece más apropiado comenzar mis cuaresmas preguntándole a Dios en oración lo que requiere mi alma particular, entendiendo que las acciones inspiradas por esa conversación son maneras limitadas de abordar necesidades más profundas, no una moneda para recuperar la buena voluntad de Dios. También he aprendido a tener en cuenta que, sea cual sea la forma que tenga la renuncia este año, su objetivo esencial sigue siendo el mismo: abordar el pecado que subyace en todos nosotros, mi orgullo impulsado por el ego.

**Meditación:** Cuando hagas tus propósitos de Cuaresma, considera lo que Dios te llama a hacer por el bien de tu propia y alma. Emprende tu disciplina con un espíritu de humildad, pidiendo la fuerza para perseverar.

**Oración:** Ayúdame, Padre, a escuchar tu voluntad mientras comienzo mi camino de Cuaresma. Deja que me deleite con el privilegio de ofrecerte mis obras y mi vida.

## Compromiso diario

**Lecturas:** Dt 30, 15-20; Lc 9, 22-25

**Escritura:**
"Si alguno quiere acompañarme, que no se busque a sí mismo, que tome su cruz de cada día y me siga". (Lc 9, 23)

**Reflexión:** Mi difunto esposo, el profesor/poeta/alpinista Ford Swetnam, le hizo un regalo inconmensurable a nuestra unión al insistir en que la palabra "matrimonio" se considerara "un verbo activo, no un sustantivo". Era ingenuo, él sostenía, imaginar el matrimonio como un estado de acuerdo estable alcanzado de una vez y para siempre por una ceremonia. En cambio, las uniones verdaderas se fomentaban al *"estar* casados", ya que los cónyuges aceptaban la labor diaria de negociar los desafíos, de crecer juntos en la renovación constante de su compromiso.

Las lecturas de hoy suponen algo similar sobre el compromiso entre Dios y el pueblo de Dios. Tomado como una declaración única, el mensaje de Deuteronomio podría sonar algo sustantivo y absoluto, ya que Moisés insta a los israelitas a elegir entre una vida de obediencia o la maldición de la transgresión. Sin embargo, su contexto afirma las posibilidades cuasi verbales para superar las dificultades. Sus oyentes han violado repetidamente su contrato fundacional con Dios, "murmurando" de manera rebelde al borde mismo de la Tierra Prometida (Dt 1, 27). Sin embargo, Dios ha extendido la misericordia permanentemente y lo hará de nuevo si los israelitas se arrepienten y se reforman.

El Evangelio de Lucas también describe un vínculo humano/divino basado en un compromiso activo y mutuo. Ambas partes se comprometen a hacer cosas desalentadoras: Jesús entregará su vida en el sufrimiento y el rechazo; los creyentes aceptarán el compromiso diario de asumir sus cruces personales, incluso cuando les duela hacerlo, incluso cuando estén aburridos, agotados, sean temerosos o escépticos.

El matrimonio verdadero de cualquier tipo no es fácil, eso es seguro. Pero es exactamente el tipo de relación de "verbo activo" que estamos llamados a reavivar con Dios al comenzar la Cuaresma.

**Meditación:** Muchas parejas celebran aniversarios importantes renovando sus votos alegremente. Considera la posibilidad de conmemorar tu unión permanente con Dios incorporando una ceremonia pequeña de renovación del compromiso a tu observancia diaria de la Cuaresma. Enciende una vela y reza una oración breve al levantarte; pon música espiritual o un rezo del rosario grabado en el coche de camino al trabajo; lee el salmo del día en la pausa del mediodía.

**Oración:** Ayúdame a ser un compañero fiel y activo en nuestro amor, oh Dios. Enséñame a ver los desafíos diarios como oportunidades para sentar las bases para un compromiso cada vez más fuerte.

## Cuando el servicio es apremiante

**Lecturas:** Is 58, 1-9a; Mt 9, 14-15

**Escritura:**
El ayuno que yo quiero de ti es éste, dice el Señor:
    Que rompas las cadenas injustas
    y levantes los yugos opresores;
que liberes a los oprimidos
    y rompas todos los yugos . . . (Is 58, 6)

**Reflexión:** Es difícil imaginar a un cristiano de hoy que no esté de acuerdo con el énfasis que pone Isaías en la caridad como componente esencial de una vida fiel. Nuestro Papa, nuestras Escrituras, nuestro credo, nuestras iniciativas parroquiales de justicia social, todo ello hace hincapié en que el verdadero culto incluye servir a los necesitados, no sólo seguir las leyes religiosas al pie de la letra.

Sin embargo, si te has sumergido en el río de asistir a los que sufren, habrás descubierto que esos esfuerzos pueden resultar a veces desagradables, incluso arriesgados. Dar el dinero suficiente para que importe puede requerir un ajuste incómodo del cinturón (los oyentes de Isaías, por ejemplo, tenían problemas económicos: probablemente no consideraban que su época de reconstrucción tras el exilio fuera el mejor momento para liberar mano de obra esclava gratuita). Es posible que las personas a las que servimos no siempre se muestren agradecidas, colaboradoras o receptivas. Incluso los receptores agradecidos y amables de nuestras atenciones pueden resultar emocionalmente agotadores a pesar de la alegría profunda y sagrada de servirlos, como puede testificar cualquier trabajador o cuidador de un centro de cuidados paliativos.

El servicio que nos agota hasta el punto de la vulnerabilidad, de hecho, puede sentirse como un ayuno. Sin embargo, si queremos ser fieles a la llamada de Isaías y a la llamada de Jesús, debemos profundizar y seguir adelante, dejando de lado el deseo de recompensa inmediata, afrontando las ansiedades, considerando las tareas a veces incómodas a las que somos llamados como ofrendas sagradas. El servicio de nuestro maestro Jesús, después de todo, se volvió difícil más allá de nuestra como no nos podíamos imaginar. Pero persistió, y esa persistencia lo cambió todo para aquellos que amaba y servía. Así pues, recordemos su ejemplo cuando el servicio se vuelva un reto en esta Cuaresma y siempre, enfocándonos no en nuestro malestar, sino en el bien de los que amamos y servimos.

**Meditación:** Examina el sitio web de tu parroquia e identifica qué ministerios parecen estar desatendidos. ¿Qué sacrificios podría requerir cada uno? ¿Qué tipo de riesgos puede entrañar cada uno de ellos? Pídele a Dios que te ayude a discernir si alguno de ellos puede ser el "ayuno" que necesitas ofrecer en esta Cuaresma.

**Oración:** Señor crucificado y resucitado, dame el coraje de servirte con un espíritu de sacrificio libre y fiel.

## Abriendo las compuertas

**Lecturas:** Is 58, 9b-14; Lc 5, 27-32

**Escritura:**
El Señor te dará reposo permanente;
en el desierto saciará tu hambre y dará vigor a tu
cuerpo. (Is 58, 11)

**Reflexión:** Mientras escribo, el paisaje que me rodea de la Región Intermontañosa del Oeste está sufriendo una sequía sin precedentes. La infraestructura de riego que ayuda al florecimiento de este alto desierto no tiene la capacidad de suministrar el agua adecuada proveniente de la capa escasa de nieve de las montañas; no ha llovido durante meses. Los vecinos agricultores han tenido que enfrentarse a la dura decisión de cosechar los escasos cultivos antes de tiempo o ver cómo sus campos se marchitan.

La sequía adopta muchas formas. Para el público de Isaías, el concepto habría evocado tanto su tierra natal desértica como la Jerusalén en ruinas que encontraron como exiliados a su regreso. Para nosotros puede simbolizar la desolación de la enfermedad, la soledad o la sequía espiritual, cualquier cosa que se sienta como una aridez continua y sin esperanza.

Cuando se produce esta sequía en sentido figurado, el orgullo, la vergüenza y la insistencia de nuestra cultura en la autosuficiencia pueden disuadirnos de buscar el alimento esencial. Pero considera por un momento lo ridículo que sería para esos agricultores rechazar el agua literal. ¡Es una locura!, bufarían. *Si pudiera abrir las compuertas y dejar entrar el agua, seguro que lo haría. No hay tiempo para retrasos cuando corres el riesgo de morir de hambre.*

Afortunadamente para nosotros, el canal celestial de la guía nutritiva siempre proporciona "abundancia", como nos asegura Isaías. La oración y la reconciliación pueden proporcionar el acceso a esa fuente; como también puede el hecho de hablar con asesores espirituales o unirse a un grupo de apoyo útil y afectuoso. Mis compuertas personales también han incluido libros valiosos (especialmente *El regreso del hijo pródigo* de Henry Nouwen) y retiros contemplativos.

Es cierto que Dios, tarde o temprano, enviará un socorro vivificante incluso a los más obstinados. Pero ¿por qué no acelerar el proceso de reflorecimiento e invitar al agua a entrar?

**Meditación:** ¿En qué casos tu situación o la de un ser querido parece "seca" y sin esperanza? Reza por la confianza para creer en el sustento de Dios. Busca a tu alrededor las fuentes de ayuda que Dios está proporcionando incluso ahora, y aprovéchalas con gratitud.

**Oración:** Señor de toda esperanza, ayúdame a recordar que siempre camino a la sombra de tus alas, incluso cuando el camino parezca funesto. Guíame hacia el alimento que necesito.

## Aceptar el "no"

**Lecturas:** Gn 2, 7-9; 3, 1-7; Rom 5, 12-19; Mt 4, 1-11

**Escritura:**
Así por la obediencia de uno solo, todos serán hechos justos.
(Rom 5, 19)

**Reflexión:** La tendencia del ser humano a sobrepasar sus límites, y las consecuencias a menudo desastrosas, constituye un tema perenne en nuestras historias. Son innumerables las historias cuyos protagonistas intentan desafiar los límites divinos (Adán y Eva, Fausto); las narraciones históricas e incluso las habladurías comunes presentan a los que persiguen el poder a pesar de las señales de advertencia (Napoleón invadiendo Rusia; ese jefe autoritario elevado por encima de su competencia). Cuando un tema ha demostrado ser tan convincente a lo largo de los años, está claro que aborda un impulso humano común, en este caso la tendencia de nuestra especie a ir más allá del orgullo.

Discernir la diferencia entre una aspiración sana y un "logro" poco saludable no siempre es fácil para nosotros; de hecho, incluso decidir hasta dónde llegar en la oración petitoria puede ser una cuestión inquietante. Por un lado, Jesús anima a aspirar con audacia, invitándonos al "pidan y se les dará" (Mateo 7, 7). En la liturgia presentamos nuestras intenciones "con toda confianza"; habitualmente les pedimos a los santos. La cultura religiosa popular da a entender que mientras más fuerte, mejor; sólo basta con ver las publicaciones en las redes sociales presionando para conseguir "me gustas" a las peticiones de oración, como si Dios contara los votos.

Sin embargo, por experiencia personal sabrás, al igual que yo, que incluso nuestras oraciones más sinceras, por muy fervientes y numerosas que sean, no siempre reciben respuesta, o lo hacen de maneras imprevistas. En estos casos es tentador preguntarse si no habremos pedido con suficiente fervor, o la suficiente cantidad de veces.

El ejemplo de Jesús ciertamente nos anima a rezar por las necesidades de los demás, y sus palabras nos animan a elevar las nuestras. Sin embargo, cuando nuestras peticiones específicas son negadas categóricamente ("que esta copa se aleje de mí"), debemos aceptar que hay un plan más amplio en marcha ("pero no se haga lo que yo quiero, sino lo que quieres tú"; Mt 26, 39).

Que siempre podamos confiar en su sabiduría, sea cual sea la respuesta que reciban nuestras peticiones.

**Meditación:** Recuerda algo por lo que hayas estado rezando sin una respuesta o resolución claras, y luego recuerda una ocasión anterior similar. ¿Cómo intervino la voluntad de Dios en esa circunstancia con el paso del tiempo? ¿Puedes encontrar paz e incluso entrega en tu actual oración petitoria?

**Oración:** Omnisciente Creador, concédeme la gracia de entregarme a ti cuando no logre lo que crea que sea mejor para mí.

## Nuestra naturaleza híbrida

**Lecturas:** Lv 19, 1-2. 11-18; Mt 25, 31-46

**Escritura:**
"Él apartará a los unos de los otros, como aparta el pastor a las ovejas de los cabritos". (Mt 25, 32)

**Reflexión:** La metáfora de las ovejas buenas frente a las cabras desagradables es tan familiar que estamos acostumbrados a pensar en ellas como opuestos irreconciliables. Sin embargo, a riesgo de contradecir la sabiduría convencional, permíteme sugerir que existe una especie híbrida que combina la virtud de las ovejas y las travesuras de las cabras: se llama humanidad.

Hablo con la convicción de la experiencia personal. Partiendo de los criterios de la lectura de hoy del Levítico, puedo presumir de tener algunas credenciales ovinas: acoger a los extraños, consolar a los afligidos y no robar al prójimo. Pero, sinceramente, no soy ajena a los rencores, a las majaderías ni a juzgar a los demás.

Dado que somos hijos de Adán y Eva, esta combinación de impulsos virtuosos y pecaminosos parece ser nuestro destino. Probablemente puedas recordar, como yo, a personas santas cuya naturaleza manifiesta ocasionalmente egoísmo o mal humor, y a personas desagradables que son capaces de las acciones más caritativas y bondadosas. Si creemos que estamos sujetos a estándares de todo o nada, el desánimo y el miedo parecen nuestro destino inevitable.

Pero nuestro Dios es un Dios de amor, no de miedo, y el Evangelio de hoy de Mateo 25 nos ofrece esperanza. Aunque seamos pecadores, afirma, cada acto de caridad que mostremos es un signo de que ya estamos recibiendo y compartiendo la gracia de Dios. En primer lugar, Juan repite esta afirmación: "Amemos, pues, ya que él nos amó primero" (4, 19). Al igual que el deseo de abrazar las disciplinas cuaresmales, las buenas obras que realizamos instintivamente constituyen signos de ser amados por Dios y de querer compartir ese amor con los demás. Puede que no lo hagamos siempre a la perfección, pero seguimos intentándolo.

¡Bienvenidos a la Cuaresma, compañeros y compañeras ovejas con tendencias caprinas!

**Meditación:** Reflexiona sobre las ocasiones en las que has alimentado, vestido o consolado a otros necesitados. Si sentiste ese servicio como algo natural, casi automático, da gracias porque el amor de Cristo opera fuertemente en ti, y anímate. Si llevaste a cabo el servicio con más reticencia, fomenta la capacidad de tu espíritu en esta Cuaresma mediante la oración y pasando tiempo con personas caritativas, preguntándoles sobre su servicio y quizás acompañándolos.

**Oración:** Refresca mi alma con ánimo, Jesús, mientras me esfuerzo por cumplir los mandamientos compartiendo tu amor.

## Humilde oración

**Lecturas:** Is 55, 10-11; Mt 6, 7-15

**Escritura:**
"Cuando ustedes hagan oración no hablen mucho, como los paganos . . ." (Mt 6, 7)

**Reflexión:** Si alguna vez te has sentido incómodo cerca de alguien que hablaba *demasiado*, probablemente tengas buenos instintos. Los psicólogos dicen que los habladores compulsivos intentan dominar la conversación e imponer sus agendas, incluso cuando su maremoto de palabras delata una ansiedad grave.

Esa pepita de la psicología del comportamiento se ajusta muy bien a lo que San Agustín escribió sobre la oración verbosa. Agustín sugiere que aquellos que se dedican al "mucho hablar" durante la oración (también conocido como "murmullo") creen que pueden influir en las fuerzas divinas "juzgando que puede uno convencerle con palabras, como se induce al juez humano a dar una sentencia". Los psicólogos asentirían, reconociendo el intento de dominar . . . y sugiriendo que estos "paganos" podrían no estar tan seguros de sus deidades como pretendían. Por el contrario, Agustín señala, Jesús desea que sus discípulos recen con relativamente pocas palabras desde un "amor puro" humilde pero confiado, que pidan mientras están preparados para escuchar. Agustín sugiere que tal petición, ejemplificada en la sencillez reverente del Padre Nuestro, "serena y purifica nuestro corazón y lo hace más apto para recibir los dones divinos".

Recitar el Padre Nuestro es sólo uno de los caminos que conducen hacia la receptividad tranquilizadora que ofrece nuestra fe. La Misa está llena de repeticiones reconfortantes. La tradición cristiana ha desarrollado otras maneras de rezar con relativamente pocas palabras, incluyendo el canto gregoriano y la oración contemplativa. Estas prácticas son centradas de manera tan reverente que los experimentos científicos han demostrado su efecto tranquilizador sobre las ondas cerebrales.

No tenemos necesidad de atormentar a la divinidad en la oración. Nuestras oraciones no necesitan contar con muchas palabras para cultivar y celebrar el amor abundante que Dios está dispuesto a darnos.

**Meditación:** Dada la ruidosa vida moderna, despejar la mente y el corazón puede ser difícil. Si eso ha sido un reto para ti, considera la posibilidad de incorporar alguna forma tranquilizadora de oración cristiana en tu rutina de la Cuaresma. Los servicios de transmisión de música incluyen el canto gregoriano; sitios web que enseñan meditación cristiana. O simplemente reza el salmo del día en voz alta.

**Oración:** Dios de la paz, cuando rece, ayúdame a descansar con el corazón abierto y el alma dócil, escuchando tu voz con confianza.

## Nunca es demasiado tarde

**Lecturas:** Jn 3, 1-10; Lc 11, 29-32

**Escritura:**
Cuando Dios vio sus obras y cómo se convertían de su mala vida, cambió de parecer y no les mandó el castigo que había determinado imponerles. (Jon 3:10)

**Reflexión:** Al ver el libro de Jonás entre las lecturas de hoy, podríamos anticiparnos a releer la historia maravillosa del "gran pez", literalmente asombrosa, como "llena de maravillas". El pasaje que se nos invita a contemplar, sin embargo, se centra en "el resto de la historia" luego de la liberación de Jonás del vientre del pez, una historia no tan fantasiosa, quizás, pero que nos ofrece un consuelo oportuno para estos primeros días de Cuaresma.

La liturgia de este tiempo comienza con una igualmente edificante. Cuando estamos envueltos en la promesa del Miércoles de Ceniza, arrepentirse y creer parecen tan obviamente deseables. Repletos de determinación idealista, reunimos nuestras buenas intenciones, hacemos nuestros votos, planeamos nuestros pasos.

Pero una cosa es prometer y otra es cumplir. Es bastante fácil ser bueno durante un día o dos, pero los hábitos demoran mucho tiempo en crearse o romperse.

Puede que nos escuchemos a nosotros mismos diciendo: *Aquí estoy otra vez defraudando a Dios.* Una vez escuché el paso siguiente en ese terreno resbaladizo afirmado de una manera expresivamente por un viejo amigo en un momento de autorreflexión: "Es demasiado tarde para mí. Si hay un Dios, no tengo la menor posibilidad, así que mejor hago lo que quiero".

Pero la historia de los ninivitas hace resplandecer la esperanza en todos los rincones oscuros de nuestro pesimismo, nuestras inseguridades y nuestras equivocaciones. Al fin y al cabo, Dios se toma muchas molestias para enviarles a Jonás, ¡incluso quebrantando las leyes de la naturaleza! Cuando realmente escuchan y responden con arrepentimiento, Dios se apresura a ceder.

Así que en la Escritura de hoy tenemos una "maravilla", después de todo, una lección que desafía nuestra mentalidad de balance humano y nuestras inseguridades más profundas: no importa cuántas veces tropecemos, no importa cuán malos hayamos sido, nunca es demasiado tarde para buscar la misericordia de Dios.

**Meditación:** Si ya te sientes desanimado en esta Cuaresma, intenta cambiar tu perspectiva. Enmarca este tiempo de Cuaresma no como un tiempo para hacerlo todo bien, sino como un don de Dios que te anhela. Imagínate entre los ninivitas, comenzando de cero, con la seguridad del amor y la misericordia de Dios.

**Oración:** Dios misericordioso, concédeme el valor para superar mi sentido de indignidad. Permíteme atender a tu llamada como los ninivitas atendieron a la de Jonás, seguro de tu amor inagotable.

## Nunca se está verdaderamente desamparado

**Lecturas:** Est C: 12 14-16 23-25; Mt 7, 7-12

**Escritura:**
"Ayúdame, Señor, pues estoy desamparada". (Est C:23)

**Reflexión:** Mientras escribo estas palabras, una familia a la que aprecio está luchando contra una crisis que le cambió la vida. Una pareja joven ve cómo su bebé, nacido micropre-maturo con tan sólo 23 semanas de vida, se aferra débilmente a la vida en los grandes altibajos diarios de la esperanza y la desesperación. Desde que siguieron a su hijo a un centro pediátrico especializado a 150 millas, su ansiedad se agravó por la separación de su hija de tres años, y del hogar y trabajo que aman.

Al principio me preguntaba cómo podrían evitar hundirse en la desesperación existencial, cómo encontrarían las fuer-zas para no convertirse en "un niño que llora en la noche . . . sin más lenguaje que el llanto", como escribió el poeta Lord Alfred Tennyson cuando la muerte temprana de su mejor amigo sacudió su fe.

Sin embargo, ya está claro que Dios no tiene intención de ignorarlos, como tampoco quiso abandonar a Ester en la primera lectura de hoy. No han ocurrido milagros; el bebé continúa luchando. Pero muchos rezan por ellos, y la gracia ha encontrado numerosas maneras de emplear tales canales (incluso "compuertas") de la misericordia divina. Algunos familiares se han mudado a su casa para cuidarla y para cuidar de la pequeña. Los amigos se contactaron con conocidos para una casa que estuviera vacía y que necesitara de alguien que la cuidara, cerca del centro de tratamiento del bebé, lo que les proporciona privacidad y estabilidad. El dinero ingresa a una cuenta de colecta de fondos; los amigos les envían correos electrónicos y cartas diariamente para recordarles que están envueltos en amor y que ésta es una lucha comunitaria, no aislada y desamparada. Su blog nos inspira a estremecernos en solidaridad con sus lágrimas y a alegrarnos con sus sonrisas, a dialogar, a continuar rezando.

La historia de Ester es da testimonio, con la ayuda de Dios, nadie está realmente solo. Nosotros, los amigos de esta pareja, antes dispersos y ahora una familia, estamos aprendiendo lo mismo en este momento.

**Meditación:** ¿Te sientes solo o desamparado de alguna manera? ¿Conoces a alguien que se sienta así? Eleva esta soledad a Dios en tu oración, pidiéndole consuelo, confiando en que Dios será fiel una vez más.

**Oración:** Señor bondadoso, haz que recurramos a ti cuando nuestras vidas se vuelvan difíciles; déjanos ver tu rostro en los rostros de aquellos que nos ayudan.

## Respetar a los demás

**Lecturas:** Ez 18, 21-28; Mt 5, 20-26

**Escritura:**
"El que lo desprecie, será llevado al fuego del lugar de castigo". (Mt 5, 22)

**Reflexión:** "He renunciado a las redes sociales", comunica mi amigo. "Me cansé de escuchar a la gente insultarse. Parece que nadie se toma el tiempo de considerar la posición de la otra persona o de recordar que un ser humano con sentimientos está leyendo su respuesta".

La falta de respeto, uno que trata a otro como si fuera menos que un hijo de Dios, es el pecado que parecemos haber olvidado que es un pecado. Contagiosa como una pandemia, amenaza con ignorar toda posibilidad de relaciones constructivas y respetuosas entre seres humanos diversos.

El día de la fiesta de Catalina Drexel es más relevante que nunca en este contexto, ya que ella también vivió en una época en la que la dignidad humana era asediada. El pensamiento divisivo sobre "nosotros" y "ellos" estaba muy extendido en aquellas décadas de finales del siglo XIX y principios del XX. Propagandistas antiinmigrantes y anticatólicos presionaron a favor de políticas restrictivas y fomentaron los disturbios violentos. La discriminación racial contra los negros y los nativos americanos intentó relegar a un gran sector de la población a un estatus de segunda clase.

Enfrentándose a tal incitación al odio, Drexel se convirtió en una defensora de los que eran abiertamente despreciados por los demás. Nacida en el seno de una familia adinerada de la alta sociedad de Filadelfia, abandonó su vida cómoda para convertirse en una hermana religiosa, fundando una orden nueva especialmente dedicada a establecer recursos educativos y médicos para los desposeídos. Pronto la mismísima Drexel se convirtió en un objetivo de ataques. Las agresiones verbales y las amenazas de muerte provenían del Ku Klux Klan. Los incendios provocados amenazaron sus escuelas y clínicas. Las protestas "No en mi barrio" desataron la violencia. Sin embargo, Catalina Drexel, manteniendo su postura decidida y dando ejemplo de Cristo, nunca dudó de su trabajo ni se rebajó al nivel de sus adversarios.

La vida extraordinaria de Drexel puede servirnos de estrella polar. Todas las personas merecen nuestro respeto: en la manera de hablar, en las palabras que escribimos y en las cosas que hacemos.

**Meditación:** Hoy sé especialmente consciente de tu diálogo interior para con los demás. Cuando te sorprendas a ti mismo juzgando a alguien de manera negativa, sustitúyelo por empatía y ofrece una sonrisa o cortesía. Reza al final del día por las personas con las que interactuaste.

**Oración:** Señor bondadoso, ayúdame a tratar a los que me encuentre hoy como te trataría a ti.

*4 de marzo: Sábado de la primera semana de Cuaresma*

## Dejar de lado los "por qués"

**Lecturas:** Dt 26, 16-19; Mt 5, 43-48

**Escritura:**
"Su Padre celestial . . . manda su lluvia sobre los justos y los injustos". (Mt 5, 45)

**Reflexión:** Una tarde soleada, la hija de una paciente del centro de cuidados paliativos estaba en el porche conmigo, con lágrimas en los ojos. "¿Por qué tuvo que enfermar mamá?", se lamentaba. "Estaba tan animada, enseñando a los niños, planeando el viaje de sus sueños. Ha llevado una vida sana. ¿Por qué?".

No hubo respuesta, por supuesto, y nunca la ha habido a tales preguntas. ¿Por qué esta enfermedad? ¿Por qué es mi hora de morir? ¿Por qué le suceden cosas tan malas a gente tan buena?

Sin embargo, insistimos en la búsqueda de respuestas, y a veces las explicaciones que abrazamos para sentirnos cómodos son las que nos tranquilizan con nociones simplistas de causa y efecto. Habrás oído los susurros cuando alguien se está muriendo de una afección cardíaca o de cáncer: Él mismo se lo buscó por trabajar demasiado. Ella no se esforzó lo suficiente en su "lucha".

Lo que ignoran tales racionalizaciones es que la lluvia cae hoy, como siempre lo ha hecho, tanto sobre los justos como sobre los injustos. Por cada Absalón que se merecía lo que le ocurrió, hay un Job que no lo merecía. A veces simplemente no podemos saber el "por qué".

Como poseedora de una mente a la que le encanta darle sentido a las cosas, una vez me rebelé contra esa afirmación. Pero ahora que trabajo con los moribundos, las cosas son diferentes. Ciertamente, debemos preguntarnos "por qué" y "cómo" cuando la cura y la esperanza son posibles. Pero la experiencia me dice que una vez que el final es inevitable, hay un momento para aceptar las cosas como son. En repetidas ocasiones he sido testigo de cómo la furia contra la muerte inevitable de la luz puede añadir angustia emocional al sufrimiento físico, mientras que dejar de juzgar lo que es justo o injusto, y decir "que se haga tu voluntad" puede inspirar una paz en el que está muriendo que llena de asombro a todos los que están presentes.

Y eso también es cierto en las crisis que desafían la fe, menos que la muerte.

**Meditación:** Reflexiona sobre una situación problemática y complicada para la que te sientas tentado a encontrar una explicación agradable y buena. ¿Qué se perdería y qué se ganaría aceptando la situación tal y como es, se pueda o no explicar, sin importar el resultado?

**Oración:** Amoroso Jesús, ayúdame a afrontar las tormentas incomprensibles de mi vida con confianza en ti.

## Experiencias cumbre

**Lecturas:** Gn 12, 1- 4a; 2 Tim 1, 8b -10; Mt 17, 1-9

**Escritura:**
Una nube luminosa los cubrió y de ella salió una voz . . .
(Mt 17, 5)

**Reflexión:** La aclamación del Evangelio de este domingo
("En el esplendor de la nube se oyó la voz del Padre") es una
de mis favoritas como cantora. Habiendo visto muchas nubes
resplandecientes como excursionista en las montañas de
Idaho, puedo dar testimonio del poder inspirador de los
cielos iluminados incluso por causas naturales. El año pasado, en la víspera de este "Domingo de Transfiguración",
permanecí en silencio y asombrada con unos amigos en una
cima resplandeciente de nieve, con los valles diseminados
debajo, con nubes que se agitaban, oscuras y luego brillantes,
mientras el sol iba cayendo. No nos transfiguramos (excepto
quizás con la gracia de descender con seguridad en nuestros
esquís a campo traviesa), pero la maravilla reverente de ese
momento influyó en la conversación de la noche y en las
palabras que proclamé en la Misa horas después, y aún per-
dura en mi alma.

La idea de que las cimas montañosas son propicias para
la comprensión espiritual es antigua y está generalizada. Se
ha especulado que los lugares elevados y salvajes afectan a

nuestras mentes y emociones de manera natural. Sus vistas amplias nos ayudan a sentirnos más cerca del cielo, su aislamiento destierra las distracciones mundanas, su perspectiva disuelve el ensimismamiento. "Si no vemos el poder, la sabiduría y la bondad de Dios en el esplendor de las cosas creadas, es porque en verdad estamos ciegos", escribió San Buenaventura. "Es necesario: abrir los ojos . . . para en todas las cosas ver, oír, alabar, amar y reverenciar, ensalzar y honrar a tu Dios".

Como pueblo que reconoce la síntesis entre la tierra y el cielo encarnada en la Escritura de hoy, levantemos nuestros ojos al cielo en este domingo de transfiguración y, tal como insta Buenaventura, dejemos que su maravilla infunda una luz luminosa especial a nuestra celebración.

**Meditación:** Hoy en día, los lugares más famosos por su belleza natural suelen estar invadidos por multitudes. Promete que en esta Cuaresma al menos una vez visitarás (aunque sea de manera virtual) una zona tranquila y natural con una visión amplia (la cima de una colina, una pradera amplia, la orilla del mar) y pasarás un momento en silencio. Permite que la experiencia te conmueva, tranquilice y llene tu corazón de admiración y agradecimiento.

**Oración:** Hoy elevo mi alma hacia ti, Señor transfigurado, en agradecida alabanza por la belleza inspiradora de la tierra, la gloria edificante del cielo.

## Arrepentirse juntos

**Lecturas:** Dn 9, 4b-10; Lc 6, 36-38

**Escritura:**
"Nos hemos rebelado y nos hemos apartado de tus mandamientos . . ." (Dn 9, 5)

**Reflexión:** ¡Qué poder puede tener un simple pronombre! "*Nos* hemos rebelado", dice Daniel. En lugar de exhortar a los demás con un "ustedes" o utilizar un "ellos" igualmente distanciante, como hacen algunos profetas, el inigualable Daniel, intérprete de sueños, transmisor de la palabra de Dios, portavoz de la comunidad, domador de leones, se agrupa gramaticalmente entre los transgresores.

Todos los que sirvan a Dios están obligados a reconocer que el pecado forma parte de la naturaleza humana, incluida la suya. Pero admitir públicamente las faltas personales, como lo hace aquí Daniel, es una cuestión muy diferente.

Una vez estuve entre los que se confesaban en privado, pero se alejaban de los servicios de reconciliación comunitaria. Creyendo que mi ocupación y mis deberes litúrgicos hacían que los demás esperasen un nivel más alto, me los imaginaba pensando: ¡La maestra y escritora tiene los pies de barro! ¿Quién es ella para enseñar a los demás? O en el caso de los que me conocían bien, ¡espero que confiese esto, esto y aquello!

Sin embargo, finalmente, el calendario de un año no me dejó otra opción que un servicio penitencial de Cuaresma. ¡Qué revelación! ¡Qué compasión y veneración! Esa noche sentí por primera vez que era una integrante verdadera de mi comunidad de fe: haber visto, conocido, aceptado entre hermanos y hermanas igualmente vulnerables sin necesidad de fingir, una de los muchos que se apoyaban mutuamente en la gracia. Esa noche cuenta como mi conversión real.

Apuesto a que Daniel, si viviera hoy, también sería un fanático de los servicios penitenciales comunitarios dada su voluntad de estar entre los pecadores. Dejemos que su ejemplo nos dé valor, imaginando su voz elevada con la nuestra en esta Cuaresma, mientras entonamos: Señor, *ten misericordia, porque hemos pecado.*

**Meditación:** Si siempre has celebrado la confesión privada, este año intenta asistir a un servicio penitencial comunitario. Deja de lado cualquier temor o vergüenza, recordando que otros también se han humillado. Deja que el aire comunitario del dolor y la esperanza te bañe, renovando tu pertenencia a la familia de Dios.

**Oración:** Señor, derrite nuestro orgullo y ayúdanos a sacar fuerzas los unos de los otros mientras nos dirigimos a ti en arrepentimiento.

*7 de marzo: Martes de la segunda semana de Cuaresma*

## La libertad de la disciplina

**Lecturas:** Is 1, 10 16-20; Mt 23, 1-12.

**Escritura:**
Vengan, pues, y discutamos,
   dice el Señor . . . (Is 1, 18)

**Reflexión:** Una de las semanas más felices de mi año es la que pasé en un retiro en un monasterio de benedictinas. Es difícil imaginar un grupo de mujeres más amable, más creativo y más realizado que estas hermanas religiosas. Así que parece extraño oír que se compadezcan de ellas. "Ese estilo de vida es tan regimentado", opinó alguien al enterarse de mis visitas. "Perder la libertad de pensar por ti mismo y de hacer lo que quieras cuando quieras sería horrible".

"Disciplina" y "vida ordenada" pueden parecer conceptos anticuados hoy en día. Sin embargo, ese monasterio no irradia opresión, sino una libertad pacífica frente al caos tan típico de la vida secular: la sobrecarga de exigencias, la interrupción caótica, la ansiedad y el agotamiento. Regido por la Regla de San Benito, sus días son ordenados. Las tareas domésticas compartidas tienen sus horas, al igual que la labor en las llamadas individuales; la oración, las comidas, la socialización y las horas libres ocurren con regularidad. Estas hermanas se levantan cada mañana sabiendo que habrá tiempo para todo lo que importa, todos los días. No es de extrañar que sean serenas.

Inspirada en la vida de los conventos, he incorporado la estructura que puedo a mis propios días, ruidosos y necesariamente variados, reservando un tiempo de meditación diaria cuando me levanto, esforzándome por tener horas regulares de comida y sueño, manteniéndome en un tiempo regular de escritura, caminando al aire libre luego del almuerzo, completando las tareas de la tarde. Aunque por naturaleza soy una persona ansiosa y acelerada, incluso esta regimentación modesta está dando resultados felices. Me despierto con un sentido relajado y amplio del día, sintiendo al menos un sabor de serenidad conventual que infunde mi espíritu y mi cuerpo, abordando mi trabajo con un enfoque mejor y más santo.

Instando a los que "detestan la obediencia" a "discutir", como hace Dios en Isaías, no es un esfuerzo por aplastar nuestra voluntad. Es una llamada a romper ciertos tipos de cadenas y ser libres.

**Meditación:** ¿Sientes que tus días son ajetreados y dispersos? Intenta incorporar uno o dos intervalos programados no negociables en tu día o semana para las cosas que Dios quiere que hagas. Considera actualizar el ocio, así como el trabajo importante.

**Oración:** Ayúdame a ordenar mis días, Señor, para que pueda crecer en la libertad de servirte.

## Servicio humilde y oculto

**Lecturas:** Jr 18, 18-20; Mt 20, 17-28

**Escritura:**
"El que quiera ser grande entre ustedes, que sea el que los sirva . . ." (Mt 20, 26)

**Reflexión:** "¡Mañana me pondrán la vacuna para el COVID!", exclamó la esposa de un anciano paciente del centro de cuidados paliativos. "No aquí en la ciudad", añadió. "No tienen más. Esa dulce Dra. Brooke nos lleva a tres 'ancianos' hasta American Falls. ¡Hizo reservas para nosotros!".

La Dra. Brooke es una médica estimada e influyente, una pionera local en gerontología. Lleva tres años jubilada. Estos son sus *antiguos* pacientes. Y, por la gracia de Dios, es integrante de nuestra parroquia.

Aunque todas las formas de caridad que los cristianos ofrezcan en nombre de Dios seguramente hagan que los cielos canten, obras tan humildes y ocultas como las de la Dra. Brooke, compensadas únicamente por la satisfacción de ayudar a otros necesitados, deben suscitar un coro angelical especialmente entusiasta. Conducir durante media hora de ida y vuelta, tranquilizar a cualquiera que esté ansioso, escuchar pacientemente historias que seguramente ya ha oído antes, nunca aparecerá en ninguna lista publicada de donaciones, no atraerá a pacientes nuevos aunque los acepte, y no obtendrá la admiración del público. Pero la diferencia que ha marcado sirviendo a los demás de esta manera modesta es extraordinaria, asegurándole a esta gente buena que alguien la ve, que alguien se preocupa por ellos.

Como alguien que ha estado últimamente en el extremo receptor de este tipo de atención, puedo hablar sobre su poder. Recientemente, los días lunes, un vecino anónimo ha comenzado a traer mi bote de basura vacío desde la puerta de entrada, un reto largo, empinado y a menudo helado en esta época de finales de la temporada de invierno. Ese día mi horario de trabajo se prolonga hasta las primeras horas de la noche y regreso a una casa oscura y vacía. ¡Qué sensación tan maravillosa es estar envuelta en una comunidad que brinda ese gesto simple! Y cuánto mejor duermo los lunes por la noche sabiendo que me han "visto" y cuidado.

Y cómo me recuerda profundamente que ofrecer la gracia modesta y cotidiana a los demás puede ser la manera más profunda de honrar a Cristo, nuestro líder servidor.

**Meditación:** Revisa los actos de servicio que has ofrecido estas primeras semanas de Cuaresma. Considera cuáles se ocultaron de la vista pública. Promete darles prioridad a estos actos de caridad privados de aquí hasta la Semana Santa.

**Oración:** Redime y purifica mi alma, Cristo humilde, para que pueda servir con tu humildad.

## Ver el dolor de los demás

**Lecturas:** Jr 17, 5-10; Lc 16, 19-31

**Escritura:**
Será como un árbol plantado junto al agua . . . (Jr 17, 8)

**Reflexión:** Antes de poder servir a los demás como verdaderos sirvientes de Dios, debemos estar dispuestos y ser capaces de ver sus necesidades. El Papa Francisco ha sugerido que ese "ver" implica no sólo los ojos, sino los sentimientos, instándonos a "abrir las puertas de nuestro corazón a los demás", a diferencia del hombre rico del Evangelio, para quien Lázaro era "prácticamente invisible".

Irónicamente, la naturaleza frágil de nuestros corazones puede tentarnos a apartarnos del dolor de los demás. Muchos de nosotros sentimos un malestar instintivo frente al sufrimiento, tal como ocurre con el llanto de un bebé. Estas cosas nos recuerdan nuestra vulnerabilidad ante el hambre física, el abandono solitario, la enfermedad y la muerte. El miedo primitivo susurra que ese destino podría ser transferible, instándonos a huir.

Sin embargo, la respuesta suele ser diferente para aquellos que han sobrevivido a sus propios tiempos difíciles. Si alguna vez sentiste hambre o estuviste perdido, es difícil alejarse de los que sufren, tanto si las señales son evidentes, como en el caso de alguien que vive en las calles, o si son más sutiles, como en el caso de alguien que lucha contra una angustia interna. La simpatía y la empatía surgen de manera natural.

Estos supervivientes son ministros especialmente eficaces. Entre los que conozco se encuentra una maestra de escuela secundaria que intentó suicidarse en su adolescencia y que ahora tiende la mano con gentileza y perseverancia, salvando vidas; trabajadores sociales que ejercen su ministerio a partir de lecciones aprendidas por sus propias familias biológicas con problemas; y un capellán de un centro de cuidados paliativos que ofrece un bálsamo amigable, reconfortante el cual ganó con esfuerzo luego de perder a sus dos padres.

"Haznos tu pan, partido para otros", proclama un canto apropiado tanto para la Vigilia Pascual como para el Tiempo Ordinario. Si lo cantas en tu iglesia, ten en cuenta que algunos de los que están sentados cerca tuyo puedan sentir un escalofrío al reconocer estas palabras. Pídele a Dios que los bendiga con la gracia de continuar viendo. Y si eres tan aguerrido, inclúyete.

**Meditación:** ¿La vida te ha quebrado? ¿Qué te enseñó ese quiebre sobre la vulnerabilidad, el sufrimiento, el compartir y la sanación? ¿Cómo pones, o cómo podrías poner en práctica esa conciencia, dando frutos para enriquecer a otros en sus momentos de necesidad?

**Oración:** Cristo crucificado, déjanos seguirte en el servicio a los demás hasta que todos sean alimentados.

*10 de marzo: Viernes de la segunda semana de Cuaresma*

## La lucha contra la envidia

**Lecturas:** Gn 37, 3-4 12-13a 17b-28a; Mt 21, 33-43 45-46

**Escritura:**
Sus hermanos, viendo que lo amaba más que a todos ellos, llegaron a odiarlo . . . (Gn 37, 4)

**Reflexión:** La envidia representa un desafío único entre los pecados humanos porque sus causas, según los psicólogos, están arraigadas en una inseguridad profundamente enraizada, más allá de nuestra conciencia. Su contagio ancestral ha sido documentado en innumerables leyendas oscuras; el hecho de ver que otra persona es preferida, como hicieron los hermanos de José, puede provocar el temor de que no haya suficientes recursos o amor para todos.

La envidia está tan arraigada en nuestra naturaleza que se manifiesta incluso en etapas "inocentes" de la vida, como lo demuestran las niñas de primer grado de mi grupo de exploradoras scouts que se empujan unas a otras para agarrar los lápices de colores rosas. Se promueve deliberadamente en contextos adultos, tanto profesionales (los jefes enfrentan a sus subordinados entre sí para conseguir ascensos) como recreativos (los ganadores reciben premios y elogios mientras los "perdedores" miran).

Qué corrosiva es la inseguridad, la competencia despiadada y el miedo al abandono ¡Cómo nos dividen los unos de los otros!

Sin embargo, hay un ámbito en el que la envidia no tiene por qué preocuparnos en absoluto, gracias al cielo (literalmente): nuestro anhelo de amor del Padre Celestial, es la necesidad más importante de todas. Como nos recuerda un coro de sabias voces cristianas, el favor divino es lo suficientemente amplio como para alcanzarnos a todos. Hildegarda de Bingen proclama con alegría que "el abrazo del amor maternal de Dios" se extiende a todos. Y el Papa Benedicto XVI nos tranquiliza: "Cada uno de nosotros es el fruto de un pensamiento de Dios. Cada uno de nosotros es querido, cada uno es amado, cada uno es necesario".

En esta Cuaresma, recordemos esa verdad gloriosa, alejándonos de la inseguridad, relajándonos en ese abrazo.

**Meditación:** La próxima vez que te amenace la envidia, recuerda a alguien tan seguro del amor de Dios que celebra incondicionalmente los logros de los demás. Respira profundamente, recordando que Dios también te tiene en el corazón divino, y pide por un espíritu generoso.

**Oración:** Creador omnipresente, que la conciencia de que tu amor que nunca se raciona me dé fuerzas para resistir a ese viejo enemigo, la envidia, y vivir en paz con mis hermanos y hermanas.

## La esperanza inherente

**Lecturas:** Miq 7, 14-15 18-20; Lc 15, 1-3 11-32

**Escritura:**
¿Qué dios hay como tú . . .?
No mantendrás por siempre tu cólera,
   pues te complaces en ser misericordioso . . . (Miq 7, 18)

**Reflexión:** A menudo me pregunto cómo el Hijo Pródigo pudo reunir el valor para regresar a casa, y mucho menos tener la *osadía* de esperar una mínima acogida o empleo. ¿Qué probabilidad había, realmente, de que su padre empleara a semejante bellaco? Dada su situación, yo ciertamente habría vacilado, previendo el rechazo, la frialdad, el desprecio de un hermano, los asesinos de esperanzas, todo.

Sin embargo, regresó, al igual que los hijos e hijas pródigos entre nosotros que abrazan todos los días la esperanza inverosímil. Piden perdón por romper relaciones; se reaniman tras la rebelión o el fracaso y regresan a la familia, a la ocupación, a la fe. Y todos los que dirigimos nuestros pasos cuaresmales hacia Dios debemos contarnos entre ellos.

"Esperanza es la cosa con plumas - /Que se posa en el alma - /Y canta la melodía sin las palabras - /Y no cesa -jamás-", escribió Emily Dickinson, celebrando nuestra capacidad innata de levantarnos y sacudirnos el polvo, confiando en la posibilidad de renacer. Muchas canciones actuales dan testimonio de la capacidad de optimismo inherente a nuestra especie. Desde la *Sinfonía n.º 2* de Gustav Mahler, pasando por el viejo himno "Tierno y amante", hasta la balada de Bob Marley "Redemption Song" (Canción de redención), la música nos inspira promesas de unidad recuperada. Las palabras de Miqueas en la primera lectura de hoy constituyen una versión de una canción del siglo VI a. C. de este tipo, que utiliza imágenes pastorales para alimentar el anhelo del oyente por los cuidados del pastor.

Qué sabio es nuestro Señor al habernos dotado de la capacidad esperanzadora de buscar, incluso en contra de las probabilidades de nuestra propia creación, ¡exactamente lo que él quiere que busquemos!

**Meditación:** Reza en acción de gracias por "la cosa con plumas", la esperanza santa que te inspira a buscar clemencia en esta Cuaresma, que hace que la idea misma del perdón parezca posible. Considera la posibilidad de buscar música sagrada que evoque la esperanza confiada en la misericordia divina y descárgala como la banda sonora de tu tiempo.

**Oración:** Alabemos al Dios que hace posible toda esperanza.

## Rutina habitual/encuentro transformador

**Lecturas:** Ex 17, 3-7; Rom 5, 1-2 5-8; Jn 4, 5-42

**Escritura:**
"¿Está o no está el Señor en medio de nosotros?" (Ex 17, 7)

**Reflexión:** Seguramente habrás escuchado homilías que ofrecen la interpretación típica del encuentro de Jesús con la mujer junto al pozo: es un emblema del acercamiento de Cristo a los pecadores. El agua del pozo representa el agua viva de la salvación; cuando la mujer acepta la verdad de Jesús y evangeliza, representa una acción cristiana correcta.

Tan obviamente precisa y acreditada parece esa interpretación que me encontré temporalmente bloqueada al escribir esta reflexión. ¿Cómo podría simplemente evitar repetir lo que ya sabes?

Sin embargo, Dios provee, doy testimonio con asombro, pues ayer la inspiración me encontró durante un día terriblemente ocupado. Llegaba tarde a los compromisos; el indicador de gasolina del coche se puso rojo; el único surtidor disponible estaba medio bloqueado por un miniván aparcado descuidadamente. Murmuré palabras irreproducibles (¡falta de respeto otra vez!); incluso miré con resentimiento el querido trabajo por delante del centro de cuidados paliativos. Entonces la conductora infractora me llamó: "¿¡Dra. Swetnam?! Estoy segura de que no me recuerda, pero usted

fue mi profesora. ¡Me inspiró a convertirme en profesora!".
Se apresuró a abrazarme.

De repente, el ministerio de la tarde se parecía más a un privilegio que a una labor tediosa y lenta. Tal vez hoy toque otra vida.

Luego regresé a casa para escribir desde un nuevo sentido de pertenencia común con aquella mujer samaritana de hace tanto tiempo, que también había experimentado un encuentro revelador durante una rutina habitual y ajetreada. Sacar agua habría sido una tarea aburrida para ella, algo tediosa y necesaria de la vida cotidiana, como lo era para mí cargar gasolina. Habría tenido muchas obligaciones esperando. Los demás en el pozo no se habrían comportado siempre perfectamente, especialmente con ella. Sin embargo, fue allí mismo que se produjo su encuentro transformador con Cristo.

Recordemos que Dios puede elegir tocar nuestras almas en cualquier momento, metiendo la mano en el tedio de nuestros días cuando menos lo esperamos, cambiándolo todo.

**Meditación:** Las rutinas habituales pueden endurecer nuestros corazones y cerrar nuestros oídos y ojos en el aburrimiento, el resentimiento, la ensoñación. La próxima vez que te sorprendas a ti mismo sin estar plenamente presente en un momento "habitual", decídete ir a buscar los regalos que Dios puede estar ofreciendo.

**Oración:** Ayúdame, Señor, a vivir mis días siempre despierto a la posibilidad de encontrarte en cualquier curva del camino.

## De la excepcionalidad a la humildad

**Lecturas:** 2 Re 5, 1-15; Lc 4, 24-30

**Escritura:**
"Si el profeta te hubiera mandado una cosa muy difícil, ciertamente la habrías hecho". (2 Re 5, 13)

**Reflexión:** "Mi espalda está mucho mejor después de hacer los estiramientos que me enseñaste", dice mi amiga nutricionista y a veces clienta de masajes. La felicito, observando que ella es la excepción; la mayoría ignora esas estrategias, asumiendo que las inyecciones de esteroides o los exóticos artilugios vibratorios serán más eficaces en "mi nivel de dolor".

"Te entiendo", sonríe. "Llevar una vida más saludable es algo muy básico para la mayoría de la gente: comer menos, moverse más, evitar el exceso de azúcar y grasa. Pero muchos quieren complicadas dietas de moda y planes de alimentación costosos. Como dijo uno de mis pacientes: "¡No soy 'la mayoría de la gente'!".

El excepcionalismo autoproclamado también se manifiesta en la vida espiritual. "Es curioso", observó un sacerdote amigo. "He visto a gente decepcionada cuando su única penitencia es repetir el Padre Nuestro. Sus caras dicen: ¿Eso es TODO, padre? ¿Cómo puede ser eso suficiente? Parece que se empeñan en pensar que son pecadores excepcionales".

La historia de Naamán demuestra que ese sentido de "especialidad" no es una invención moderna. Sin duda este hombre rico y poderoso dirigió una mirada a Eliseo que decía: ¿Eso es *TODO?* Estaba esperando una escena digna de su estatus: una dramática imposición de manos con espectadores boquiabiertos, un sacrificio público que hiciera girar la cabeza. Pero simplemente se le dijo que se bañara en un río sucio y provinciano.

Afortunadamente para él, Naamán fue persuadido, y esa especie de bautismo humilde lo curó y lo convirtió. O, como podría sugerir San Agustín, que consideraba la humildad como el fundamento de todas las demás virtudes, tal vez Naamán se curó no por el lavado en sí, sino por su *voluntad de someterse* a este acto mundano, como si fuera un hombre cualquiera.

Que recordemos la historia de Naamán cada vez que imaginemos que las medidas habituales, en la fe y en la vida, no son suficientes para nuestros "yoes especiales".

**Meditación:** Después del baño de Naamán, se vuelve "como . . . un niño", una imagen que evoca la pequeñez y la dependencia (2 Re 5, 14). ¿Cómo necesitas renacer a la humildad durante esta Cuaresma? ¿Qué actos pequeños de obediencia pueden contribuir?

**Oración:** Dios de los humildes, permíteme, al igual que a Naamán, hacer las cosas sencillas que me pides.

## El perdón de arriba abajo

**Lecturas:** Dn 3, 25 34-43; Mt 18, 21-35

**Escritura:**
"Trátanos según tu clemencia
y tu abundante misericordia.
Sálvanos con tus prodigios . . ." (Dn 3, 42)

**Reflexión:** Como adolescente protestante e hija de un contador, siempre me sentí intimidada al rezar: "Perdona nuestras deudas, como también nosotros perdonamos a nuestros deudores". Comprendí demasiado bien que una de las columnas de mi cuenta con Dios, el perdón, estaba completamente en rojo. La cuestión no eran mis intenciones: como una niña casi demasiado buena, me esforzaba por tener misericordia con los valentones que me hacían la vida imposible. Pero simplemente no podía, y la vergüenza de mi fracaso no hizo más que agravar mi ansiedad cotidiana.

La sensación resultante de injusticia cósmica: ¿*acosada y condenada*? ¡*No, gracias*!, ayudó a alimentar mi descanso universitario de la religión. Sin embargo, dos décadas más tarde, luego de que un anhelo innato que no pude ignorar me llevara al catecumenado, la verdad sobre el perdón se hizo evidente.

"No está en nuestras manos no sentir ni olvidar una ofensa", leí una tarde. Con asombro y alivio, finalmente escuché la tranquilidad que ofrece nuestra Iglesia. Ser incapaz de perdonar por mí misma no era una confirmación de mi propio carácter imperfecto, sino simplemente la realidad de mi situación humana, una manifestación del defecto general del pecado original. Cuando sufrimos un agravio, cuando la amargura perturba nuestras almas, la única manera de romper el ciclo es dirigirse a Dios, pidiéndole de manera honesta la gracia de perdonar.

La oración de Azarías en la primera lectura de hoy o el grito del salmista de "Crea en mí, oh Dios, un corazón puro" (véase Sal 51, 11) son expresiones hermosas de esta dinámica entre nosotros y Dios. La misericordia no es algo que conjuramos desde alguna capacidad heroica dentro de nosotros; es un don disponible para quien lo pida, que fluye desde la fuente infinita de Dios.

**Meditación:** Los santos que perdonaron a sus verdugos justo antes de morir demuestran la capacidad de Dios de bendecirnos con la capacidad de perdonar incluso en circunstancias extremas. Investiga la vida de un mártir de este tipo, tal vez San Esteban, San Maximiliano Kolbe, o la Beata Leonella Sgorbati, una misionera de la Consolata asesinada en el año 2006 a la salida del hospital escuela de Somalia que había fundado, cuyas últimas palabras fueron "perdono, perdono, perdono". Medita sobre la relación de esa persona con Dios. Reza por el don del perdón hacia alguien que te haya hecho daño.

**Oración:** Jesús infinitamente indulgente, abre mi corazón con tu misericordia; hazme misericordioso.

## Enseñar con el ejemplo

**Lecturas:** Dt 4, 1 5-9; Mt 5, 17-19

**Escritura:**
"Pero el que los cumpla y los enseñe, será grande en el Reino de los cielos". (Mt 5, 19)

**Reflexión:** Clare, una de mis pacientes del centro de cuidados paliativos, tiene más de ochenta años. La que en su día fuera una mujer activa, propietaria de una exitosa tienda de modas, viajera por el mundo y aprendiz de por vida con una rica vida social, está ahora recluida en una residencia de ancianos y se enfrenta a graves problemas de salud. Sin embargo, sus días están entre los más inspiradores que he visto, un testimonio de cómo la fe y el amor sostenidos pueden iluminar con sentido incluso los períodos más difíciles de la vida.

Adaptando su rutina a los mandatos de las circunstancias cambiantes, la católica devota Clare rinde culto en línea, "asistiendo" a través de su tableta a la Misa diaria y consultando las presentaciones de educación religiosa de la parroquia. Sirve a los demás haciéndose amiga de sus cuidadores; de hecho, se ha convertido en una casi abuela para los jóvenes asistentes de enfermería certificados, que comparten sus problemas y le piden consejos. Reza con música inspiradora; acoge a sacerdotes y ministros visitantes. Mantiene su interés vivo por el mundo creado por Dios, navegando por sitios web que presentan maravillas naturales y culturas diversas; cultiva un jardín de suculentas en maceta. Compartir su presencia pacífica y tolerante es una delicia, una lección de envejecimiento influida por Dios que anima a tener más esperanza y menos miedo a envejecer.

Si eres un educador profesional como yo, lo que probablemente te venga a la mente cuando escuchas sobre el mandato de enseñar, como en el Evangelio de hoy, es un entorno de instrucción dedicado, completo con objetivos bien definidos, planes de lecciones y pedagogía especializada. Sin embargo, el ejemplo de Clare nos recuerda que cada uno de nosotros siempre es un maestro. Es posible demostrar la lección más esencial de todas, incluso en situaciones que algunos considerarían casi insostenibles: la vida es siempre mejor para los que confían en Dios.

**Meditación:** ¿Conoces a alguien cuyo comportamiento y acciones sugieran una vida vivida en la tierra prometida de la fe? Antes de que finalice la Cuaresma, dedícate a pasar tiempo con esa persona, aprendiendo, creciendo y absorbiendo su espíritu.

**Oración:** Que crezca en la fe, oh Señor, para que mi vida irradie tu bondad a todos los que la presencien.

# Equilibrio entre la palabra y el silencio

**Lecturas:** Jr 7, 23-28; Lc 11, 14-23

**Escritura:**
Jesús expulsó a un demonio, que era mudo. Apenas salió el demonio, habló el mudo y la multitud quedó maravillada. (Lc 11, 14)

**Reflexión:** El "demonio que era mudo" en el Evangelio de Lucas es definitivamente un espécimen bíblico extraño. Los demonios en las Escrituras son típicamente charlatanes desagradables que inspiran palabras perturbadoras e impías en sus anfitriones.

También en nuestro mundo, "ruidoso" suele tener connotación negativa. Las publicaciones en línea apasionadas nos ensordecen con diatribas polarizadas; las voces chillonas de los medios de comunicación son modelo de hábitos de conversación antagónicos. A excepción de las habitaciones insonorizadas o los retiros en el campo, una cacofonía de voces, bocinas, máquinas que zumban y melodías a todo volumen desafían el pensamiento sostenido y la concienciación de la oración. No es de extrañar que la ansiedad y la falta de sueño sean problemas generalizados.

Sin embargo, el demonio silencioso de Lucas nos recuerda que el sonido, incluso el sonido fuerte, no siempre es algo malo. El silencio impuesto puede ser una maldición para los ciudadanos de los regímenes opresores; la verdad tácita puede manchar a las familias, los lugares de trabajo y la sociedad. Apuesto a que en tu caso, como en el mío, por cada recuerdo incómodo de algo que te arrepientas de haber dicho, hay un recuerdo igualmente doloroso de algo que no se expresó.

En el libro del Eclesiastés, leemos que hay "un tiempo para hacer cada cosa . . . tiempo para callarse y tiempo para hablar" (3, 17). Pero, ¿cómo podemos saber qué es lo mejor en el fragor del momento? Tal vez podamos preguntarnos qué es lo que mejor sirve a la voluntad de Dios en ese momento. Al fin y al cabo, es el Señor quien ha designado la "oportunidad" de todo, incluidos del habla y del silencio. Se pide un discurso que sostenga al otro, que invite a la comprensión, que haga caridad, que celebre lo que es bueno. Las palabras que hacen lo contrario no lo son.

Estemos atentos, entonces, para escuchar la voz de Dios mientras luchamos contra los demonios tanto ruidosos como mudos, tratando de discernir el discurso oportuno del inoportuno, el silencio misericordioso del cobarde.

**Meditación:** ¿Has hablado demasiado o muy poco en alguna situación importante últimamente? Si es así, promete prestar atención la próxima vez que te sientas tentado a ir a un extremo o al otro, rezando para entender cómo se puede servir mejor al amor.

**Oración:** Que tu voluntad siempre informe los mensajes que ofrezco, Señor, ya sean expresados en voz alta o manifestados en silencio.

## Soñar con el jardín

**Lecturas:** Os 14, 2-10; Mc 12, 28-34

**Escritura:**
Volverán a vivir bajo mi sombra,
cultivarán los trigales y las viñas, . . . (Os 14, 8)

**Reflexión:** ¡Qué hermosa imagen presenta Oseas de un exuberante paisaje de jardín, con lirios húmedos y olivos fructíferos que dan sombra! Cuando era lectora y proclamaba este pasaje, me parecía ver que los hombros de la congregación se relajaban, las miradas se suavizaban y las sonrisas aparecían.

Y qué oportuno es su aliento para este punto medio de la Cuaresma, en el que un examen honesto puede revelar que queda mucho por hacer para cumplir las intenciones serias del Miércoles de Ceniza. En el momento en que podríamos estar perdiendo fuerzas, a la deriva o desanimados, nuestra liturgia, con su sabiduría, toca nuestros corazones e imaginaciones, así como nuestras mentes y conciencias.

El efecto va más allá de las imágenes bonitas y las cadencias suaves, por supuesto. Investigadores de estudios sobre el paisaje sostienen que los jardines son tónicos para nuestro espíritu, ya que fomentan automáticamente una sensación de felicidad garantizada (¡a menos que el jardín necesite que lo poden de manera urgente!). Algunos estudios han documentado que las personas se relajan físicamente al contemplar espacios verdes abiertos rodeados de plantas florecientes, quizá porque nuestros instintos recuerdan los orígenes de la raza humana en la sabana y se sienten como *en casa*. El relato de las Escrituras sobre los orígenes humanos en el Edén añade un componente sagrado a la nostalgia.

No es de extrañar, pues, que las imágenes de Oseas sobre los árboles, las vides y las flores constituyan una metáfora prácticamente irresistible de las recompensas de servirle a Dios. Que hoy abra nuestros espíritus, tocando ese consuelo antiguo, animándonos al continuar nuestro camino cuaresmal.

**Meditación:** ¿Tienes pasajes bíblicos favoritos que se lean como poesía, utilizando imágenes, metáforas y ritmo para movilizar emociones? Hazlas una parte habitual de tus reflexiones. Mantén el oído atento en la Misa y en las devociones diarias, prestando atención a las que te "hablen", y busca nuevos favoritos en los Salmos y en el Cantar de los Cantares.

**Oración:** Dios amoroso, abre mis oídos para escuchar tu voz a través de la belleza que creaste, tanto en las palabras como en los jardines de este mundo.

*18 de marzo: Sábado de la tercera semana de Cuaresma*

## Renovación auténtica

**Lecturas:** Os 6, 1-6; Lc 18, 9-14

**Escritura:**
"Él nos curará;
  . . . él nos vendará.
En dos días nos devolverá la vida,
  y al tercero nos levantará,
  y viviremos en su presencia". (Os 6, 1-2)

**Reflexión:** Una vez conocí a un hombre que, al enterarse de que yo era católica, se describió con orgullo como un "ateo muy tolerante". Pero la buena impresión por la que se esforzaba se evaporó con su comentario siguiente: "Oye, si la religión te ayuda a dormir por las noches, ¡estoy a favor!"

La profecía de Oseas en la primera lectura de hoy podría parecerle a esa persona un ejemplo perfecto de un cuento de hadas diseñado para calmar las mentes ansiosas de fieles patéticamente inseguros. Sin embargo, para nosotros, fieles activos, refleja una situación muy real, que ya se está desarrollando en el aquí y ahora a través de extraordinarias y auténticas renovaciones. Recuerdo a una madre joven que escapaba de un marido abusivo, y los miembros de su parroquia vendaron sus heridas y participaron en su renovación, ayudándola a rehacer su hogar y a avanzar con seguridad. He visto la dicha de una familia inmigrante adoptada por una iglesia local, para la que un modo modesto de vida sin amenazas de violencia se experimenta como sanación y plenitud. Recuerdo a un adolescente que nació con una condición física aparentemente fatal y que, por la gracia de Dios, ahora prevé tener una vida completamente normal.

Las garantías de Oseas no son historias de fantasía. Son la expresión de una relación continua, ofrecida por un Dios cuya fidelidad es indiscutible. Este Dios no es condescendiente con los cuentos; como es el mismo quien nos dio mentes racionales, Dios está más que dispuesto a proporcionar señales concretas de sanación y unión, de su presencia aquí y ahora, que nos ayudan a dormir seguros en paz.

**Meditación:** ¿Qué pruebas de la sanación y renovación de Dios has experimentado u observado? ¿Cuándo los acontecimientos han hecho que tus dudas y temores sean sustituidos por una fe segura? ¿Ya has tenido el privilegio de experimentar un "renacimiento" en algún aspecto de esta vida a través de la bondad de Dios? Comparte tus historias, escucha las de los demás y den gracias juntos.

**Oración:** Dios amoroso, cuando me desespere, ayúdame a recordar las muchas veces que ya me has sanado y revivido.

## Mantener el circuito abierto

**Lecturas:** 1 Sm 16, 1b 6-7 10-13a; Ef 5, 8-14; Jn 9, 1-41

**Escritura:**
Vivan, por lo tanto, como hijos de la luz. Los frutos de la luz
son la bondad . . . (Ef 5, 8-9)

**Reflexión:** Todos los "hijos de la luz" que conozco, y conozco
a muchos, irradian energía sagrada y alegre. Su bondad luminosa es tan infalible que se podría pensar que llega como
la electricidad, a través de una línea directa de la fuente de
todo amor.

Esta conexión con la "red de energía sagrada" es aún más
sorprendente cuando se contrasta con los que se niegan a
conectarse a ella. Indudablemente has conocido a algunas de
estas personas, como un conocido mío cuyo compromiso con
la vida era tan débil que el contacto con él agotaba incluso
mi energía, normalmente tan abundante. No había nada
objetivamente malo en esta mujer; poseía una buena salud,
medios abundantes y una hija atenta y cariñosa con la que se
había mudado recientemente. Sin embargo, encontró nuestra
ciudad tan poco atractiva como el lugar del que se había ido
con gusto. "¡No hay nada que hacer aquí!", se quejó con
amargura. Le sugerí que buscara amigos y actividades en la
iglesia. *No soy religiosa.* ¿Qué tal si te ofreces como voluntaria
para dar clases de lectura, o te unes al círculo amistoso para

hacer mantas para las residencias de ancianos? *No me interesa*. ¿Suscribirte al grupo de formación permanente de la ciudad para compartir un interés o aprender algo nuevo? *Demasiadas complicaciones*. Pronto se mudó nuevamente.

La suya era una de las vidas más tristes que podría imaginarme. Sin embargo, más de una vez su recuerdo me salvó cuando mi propia mente susurraba: *demasiadas complicaciones*.

Haberla conocido confirma lo que demuestran esos hijos de la luz: optar por la "energía" siempre fluyente de Dios, convirtiéndose en un conducto de esa luz y poder, que ilumina no sólo la vida de los demás sino la nuestra.

**Meditación:** Recuerda a una persona "iluminada" que conozcas, alguien cuya compañía te inspire amor, seguridad y energía sagrada. Cierra los ojos y recuerda los detalles de lo que se siente estar con él/ella: ¿cómo la presencia, los gestos, las palabras hablan de la morada de Dios? Pídele a Dios que renueve una chispa brillante de energía divina en ti, cultiva esas señales externas de conexión interior.

**Oración:** Dios siempre radiante, enciende mi vida con tu luz. Ayúdame a iluminar y refrescar las almas de todos los que encuentro en mi camino.

*20 de marzo:*
*Santa José, esposo de la Santísima Virgen María*

## Acogimiento familiar

**Lecturas:** 2 Sam 7, 4- 5a 12-14a 16; Rom 4, 13 16-18 22;
Mt 1, 16 18-21 24a o Lc 2, 41-51a

**Escritura:**
*Te he constituido padre de todos los pueblos.* (Rom 4, 17)

**Reflexión:** Como mujer sin hijos que vive en una región en
la que las familias son numerosas, a menudo me he acobar-
dado ante la pregunta por defecto para iniciar una conversación: *"¿Cuántos hijos tienes?"*, anticipando el silencio
incómodo y la pena dolorosa que suele provocar mi respuesta.

Sin embargo, estos días proclamo alegremente la verdad
operacional. "Una hija", digo, imaginándome a Shelley,
quien alguna vez fue mi estudiante de posgrado, ahora tan
cercana como cualquier hija biológica podría serlo. Habla-
mos frecuentemente a una distancia de 150 millas; nos reunimos periódicamente para hacer retiros de escritura y fines
de semana de senderismo; es la ayudante de cocina de mi
ridículamente grande fiesta de Navidad. Su esposo y su hijo
adolescente son muy tolerantes, en efecto.

O digo: "dos hijas", incluyendo a Lara, una ex niña explo-
radora muy querida que "heredó" mi entusiasmo por la
repostería complicada y los viajes a lugares lejanos.

La respuesta más verdadera podría incluir cientos, si se incluyen los estudiantes que siguieron mi camino hacia la enseñanza y siguen en contacto conmigo. Haber sido maestra durante cuarenta años, al parecer, es convertirse en la "Viejecita que vivía en un zapato".

Criar hijos biológicos es una vocación maravillosa. Pero la crianza de los hijos biológicos de otros, ya sea en un entorno de adopción o acogida, o como pariente sanguíneo (tíos, abuelos), o como mentor provisto por las circunstancias de la vida o la mano de Dios, no es un premio de consolación. Es una vocación con sus propias alegrías y responsabilidades, desafíos y triunfos, sagrada en sí misma.

Ten en cuenta que, después de todo, el propio San José es al mismo tiempo el patrón de los padres biológicos *y* de los padres adoptivos. San José, ¡ruega por nosotros!

**Meditación:** En este día de fiesta, recuerda a los mentores que te han ayudado de maneras vivificantes. Dale gracias a Dios por ellos y, si están vivos, ponte en contacto con ellos para expresarles tu gratitud. Agradécele también a Dios por aquellos a los que guiaste o estás guiando, y considera honrar a San José tendiéndole la mano a otra persona, joven o mayor, que pueda necesitar tu apoyo amoroso. Incluso puedes considerar pedirle a un anciano solo que te sirva de mentor, un regalo invaluable para ambos.

**Oración:** Recordando a San José, oh, Dios Padre, alzo mi voz en agradecimiento por el don de la paternidad en todas sus formas.

*21 de marzo: Martes de la cuarta semana de Cuaresma*

## La bendición del agua

**Lecturas:** Ez 47, 1-9 12; Jn 5, 1-16

**Escritura:**
Todo ser viviente que se mueva por donde pasa el torrente, vivirá . . . (Ez 47, 9)

**Reflexión:** Mientras preparaba la cena, una lluvia suave e insistente empezó a salpicar el tragaluz. Como mencioné anteriormente, últimamente la humedad ha sido especialmente escasa en la región donde vivo. Este mes ha batido un récord de sequía en la región, y han pasado diez días sin la más mínima lluvia. La floración de las lilas lleva tres semanas de retraso; el Servicio Forestal ha desviado un arroyo junto a un camino de montaña favorito para que fluya a través de una tubería en lugar de que siga su curso natural. "El volumen es tan bajo que este año no va a llegar a la parte baja de la pradera", nos explicó un guardabosques cuando lo encontramos en el camino.

El sonido de las gotas de lluvia calmó mi respiración, relajó mi corazón. Y me di cuenta de que otra criatura había notado el cambio: mi viejo gato anaranjado, que se había encaramado encima del sofá junto a la ventana grande y miraba, absorto y meditativo, al otro lado del valle, las nubes suaves que flotaban sobre las crestas de las montañas.

Ezequiel hace del agua una metáfora, un emblema de la gracia de Dios, un signo de las bendiciones del paraíso y de la vida eterna, otro ejemplo bello de la riqueza textual de la Escritura.

Aquella tormenta, tan intrínsecamente conmovedora que cautivó a un gato, reforzó no sólo la calidad literaria de la lluvia, sino su absoluta maravilla literal como un don frágil que no debe darse por sentado.

El Papa Francisco nos ha recordado que somos sirvientes de la creación de Dios, llamados a la "conversión ecológica", llamados a ser personas que hagan uso de los recursos de la tierra de una manera más sabia. La contaminación y la falta de cuidado abusiva que alteran el comportamiento climático habitual, advirtió, representan una traición a esa confianza sagrada.

Así como las lecturas de hoy nos conmueven evocando la abundancia celestial, que también nos inspiren a renovar la administración de las bendiciones limitadas que tiene nuestro planeta.

**Meditación:** Todos tendemos a dar por sentado los recursos de la tierra. Piensa en una manera de convertir tu descuido en una buena administración de los recursos, por ejemplo: reducir los residuos o el consumo de energía, o utilizar menos agua. Ofrece este acto de cuidado de la creación como parte de tu práctica cuaresmal, y considera la posibilidad de continuarlo en el Tiempo Pascual y más delante.

**Oración:** Dios bondadoso, ayúdame a hacer mi parte para que nuestra tierra sea un hogar sostenible "para todo ser viviente" (Ez 47, 9).

## Milagros 1: Invitados a soñar

**Lecturas:** Is 49, 8-15; Jn 5, 17-30.

**Escritura:**
"El Padre ama al Hijo y le manifiesta todo lo que hace; le manifestará obras todavía mayores que éstas, para asombro de ustedes". (Jn 5, 20)

**Reflexión:** "Se realista" suele ser un buen consejo. Sin embargo, es tentadoramente fácil cruzar la línea que separa las ambiciones razonables de los sueños excesivamente optimistas, sobre todo teniendo en cuenta la noción actual de que cualquiera puede lograr cualquier cosa con un pensamiento positivo suficiente. Un estudiante espera las mejores notas a cambio de un esfuerzo mínimo; un principiante lleva a cabo un proyecto que va más allá de sus habilidades; yo la vez que me lesioné gravemente fue por fijarme un objetivo de entrenamiento absurdamente superior a mi nivel de forma física.

Las lecturas de hoy nos recuerdan que los términos "realista" y "poco realista", sin embargo, no son categorías que funcionen para Dios o para lo que podemos esperar de la mano de Dios. Isaías enumera maravillas: los muertos resucitan, los prisioneros se liberan con una palabra, las montañas se nivelan, las mesetas estériles se convierten en prados y están a salvo del calor y el viento. Aunque estas imágenes fueron creadas hace miles de años, conservan su poder, especialmente para aquellos que atienden a los presos, viajan al aire libre por zonas de alta montaña o pierden a un ser querido.

Pero quizá esos sueños no sean tan "maravillosos" después de todo. Aunque los milagros puedan parecer improbables o increíbles, para Dios son muy naturales. "Poco realista" está en los ojos del observador.

Con ese espíritu, seamos valientes en esta época de búsqueda de Dios, atreviéndonos a tener nuestros anhelos escandalosos de ver el rostro de Dios, atreviéndonos a confiar en caminos celestiales que son muy diferentes a los nuestros.

**Meditación:** Un amigo mío ha acuñado el término "fatiga cuaresmal" para expresar la sensación de monotonía que puede producirse a medida que avanzan estos cuarenta días a pesar de todas las buenas intenciones y la dedicación. ¿Te sientes así? Refresca tu alma observando ejemplos del alcance extraordinario de Dios mientras sigues con tu día. ¿Qué resurrecciones, liberaciones y nivelaciones de las dificultades observas? Deja que esta práctica energice tu fatiga a medida que avanzamos en las últimas semanas de la Cuaresma.

**Oración:** Cuando mis pasos flaqueen, Dios maravilloso, sostenme con los milagros que necesito.

## Aceptar la guía de Dios

**Lecturas:** Ex 32, 7-14; Jn 5, 31-47

**Escritura:**
"Veo que éste es un pueblo de cabeza dura". (Ex 32, 9)

**Reflexión:** "Cabeza dura" tenía una asociación muy particular para los antiguos israelitas, refiriéndose a los bueyes que no obedecían las indicaciones del labrador, bestias tan tercas que ignoraban las puyas utilizadas para controlar su velocidad y guiarlos por surcos rectos. Dado que la vida dependía de la agricultura, estos animales tercos (con sus apetitos gigantescos) eran peor que inútiles, y los que persistían en la desobediencia pronto se verían abandonados, o se convertirían en la cena de alguien.

Los bueyes no son los únicos, por supuesto. El reino animal está lleno de criaturas tercas. Hay numerosos refranes que lo reconocen: se habla de la tendencia de las ovejas a vagar, de la imposibilidad de "pastorear" a los gatos, de la terquedad de las mulas. Y numerosos pasajes bíblicos utilizan estas metáforas para describir el comportamiento humano. Isaías 53, 6, por ejemplo, nos compara con las ovejas, con nuestra tendencia a seguir "nuestro propio camino".

¿Tercos como bueyes y errantes como ovejas? Suena bastante humano.

Sin embargo, Dios nos ofrece una guía para nuestros caminos tercos y errantes. La Escritura nos orienta. Los amigos y la familia nos aconsejan. El Espíritu nos susurra a través de nuestras conciencias. Puede que seamos tan tercos como siempre, y que a veces nos resistamos a tomar una dirección nueva, pero hay esperanza incluso para los más "cabeza dura" entre nosotros

Mientras la Cuaresma sigue su curso y reconocemos nuestra desobediencia y nuestros caminos errantes, recordemos también todos los salmos e historias que nos recuerdan lo lento para la ira que ha sido nuestro Dios a lo largo de los tiempos, la calidez con que acoge a los penitentes, la paciencia con que guía a los bueyes y pastorea a las ovejas.

**Meditación:** ¿Hay algún área de tu vida en la que te chocas constantemente con obstáculos, lo que te hace sospechar que puedes estar yendo en la dirección equivocada? ¿Podrían ser toques de la vara guía del labrador divino? ¿Cómo pueden estas experiencias llevarte a cambiar de rumbo? ¿Qué nueva dirección podrías tomar?

**Oración:** Enséñame tus caminos y permíteme aceptar tu guía, Dios, incluso cuando crea que sé más que tú.

## Lo perturbador de los justos

**Lecturas:** Sab 2, 1a 12-22; Jn 7, 1-2 10 25-30

**Escritura:**
"Ha llegado a convertirse en un vivo reproche
de nuestro modo de pensar
y su sola presencia es insufrible . . ." (Sab 2, 14)

**Reflexión:** Mientras que Hollywood tiende a dar a actores jóvenes papeles de sacerdotes heroicos, el hombre al que escuché hace varios años desafiar a su congregación había conservado su fervor por la justicia social hasta bien entrada la edad madura. Como viajera, no conocía a nadie en esa iglesia, pero la inquietud de mis compañeros fieles era evidente en sus rostros tensos, su incomodidad y sus murmullos. Cualquiera que sea la razón por la que asistieron a Misa, no fue para ser desafiados a enfrentar las injusticias sociales.

*No le queda mucho tiempo en esta parroquia*, pensé con una sonrisa triste, reflexionando que al menos él no estaba predicando en un tiempo y lugar donde un mensaje tan atrevido podría suponer un peligro personal.

Pero Óscar Romero sí. Este santo, cuya fiesta se celebra hoy, se encargó de sacudir el estatus quo en su país natal, El Salvador. Predicando contra un dominio férreo y dictatorial que "desaparecía" a los pobres y a los opositores, se enemistó con las instituciones civiles y religiosas. Su intrépida proclamación de la justicia lo llevó finalmente al martirio.

"Una Iglesia que no provoca crisis, un Evangelio que no inquieta, una palabra de Dios que no levanta roncha -como decimos vulgarmente-, una palabra de Dios que no toca el pecado concreto de la sociedad en que está anunciándose, ¿qué evangelio es ese?", preguntó Romero.

No nos apresuremos a rechazar a aquellos cuyas palabras nos desafíen; recordemos que el mismo Jesucristo hizo que la gente se sintiera extremadamente incómoda.

**Meditación:** Pocos de nosotros tenemos el valor o la elocuencia de Óscar Romero, pero podemos encontrar maneras de honrar su legado de decirle la verdad al poder. La próxima vez que te encuentres con un profeta contemporáneo cuya lucha por la justicia hiera tus susceptibilidades, escúchalo con el corazón abierto, imagina una cosa modesta que puedas hacer para poner en práctica dicho mensaje, y hazla.

**Oración:** Dios de la justicia, envíame santos que desafíen mi complacencia. Ayúdame a escucharlos, y haz que mi valor crezca a la luz de su ejemplo.

## Decir "sí"

**Lecturas:** Is 7, 10-14; 8, 10; Heb 10, 4-10; Lc 1, 26-38

**Escritura:**
". . . Yo soy la esclava del Señor; cúmplase en mí lo que me has dicho". (Lc 1, 38)

**Reflexión:** Como católicos pensamos en la palabra "anunciación" con una "A" mayúscula, como en la fiesta gloriosa que celebramos hoy. Sin embargo, las anunciaciones también aparecen en la vida cotidiana, en el sentido de los momentos en los que el futuro cambia de manera radical, irrevocable, en un instante.

Esas "anunciaciones en minúscula" pueden ser gozosas o pueden ser inoportunas: se concibe un hijo; descubrimos una vocación nueva o somos expulsados de una en la que nos sentimos cómodos; muere un ser querido; nos afecta una catástrofe, una enfermedad o un golpe económico. Lo que comparten estas anunciaciones es la sensación de perturbación que provocan, la disolución de lo que creíamos que éramos, el imperativo de repensar en quiénes podríamos convertirnos.

Cuando un cambio tan abrupto nos golpea, la respuesta de María al ángel Gabriel, aunque más allá de cualquier entrega que podamos imaginarnos, ofrece un modelo de aceptación que sostiene la vida. La historia del Evangelio describe la respuesta inicial de María como el tipo de cuestionamiento humano y sano que cualquier persona razonable podría plantear. Descrita como "muy preocupada", se preguntaba qué querría decir semejante saludo. Algunos artistas del Renacimiento incluso la pintan encogida, pálida y abrumada, como en la famosa "Anunciación" de Fra Angelico. (Si estás luchando contra la negación con respecto al cambio, rezar con esas imágenes podría reconfortarte, como lo hicieron una vez conmigo)

Dejando de lado las interpretaciones de los artistas, la Escritura indica claramente que María se compromete rápidamente con la dirección de Dios, afirmando su voluntad pase lo que pase, ofreciendo un modelo de cómo incluso el más notablemente sorprendido de nosotros podría seguir su ejemplo.

Recordémosla cuando bruscamente seamos parte de un gran panorama que escape a nuestra comprensión. Perseveremos a pesar de los trastornos y la ansiedad; aprendamos a decir sí.

**Meditación:** Si estás luchando con lo que parece ser una llamada de Dios para un cambio serio en tu futuro, dedica tiempo a enfocarte en la historia de María, en imágenes de ella y en los misterios del rosario. Deja que su ejemplo te fortalezca e inspire.

**Oración:** Dios amoroso, ayúdame a navegar por los momentos claves de mi vida con confianza en tu plan para mí.

## Milagros 2: ¿Ahora me oyes?

**Lecturas:** Ez 37, 12-14; Rom 8, 8-11; Jn 11, 1-45

**Escritura:**
Cuando abra sus sepulcros y los saque de ellos, pueblo mío, ustedes dirán que yo soy el Señor. (Ez 37, 13)

**Reflexión:** Los milagros de Jesús fortalecen nuestra fe de muchas maneras. Prueban su unidad con Dios; nos enseñan como parábolas vivas; nos invitan a maravillarnos ante el poder divino.

Incluso su secuencia de intensidad es instructiva, demostrando cuán brillantemente obra Dios con nuestra naturaleza escéptica, atrayéndonos y facilitándonos verdades de fe con milagros pequeños para luego deslumbrarnos con los grandes. Convertir el agua en vino sin duda es algo asombroso que habla de nuestro anhelo de abundancia terrenal. La sanación de las enfermedades de las personas nos conmueve al tocar nuestro deseo de gozar de buena salud en nosotros mismos y en nuestros seres queridos.

Pero, ¿resucitar a la gente de entre los muertos? Ese tipo de milagro toca nuestra más profunda desesperación posible y bien podría ser difícil de creer si no nos hubiéramos "calentado". E incluso dentro de esta categoría de milagros, los incidentes, como observó San Agustín, están dispuestos en orden ascendente de maravilla. El primer milagro de Jesús tiene que ver con una joven fallecida tan recientemente que todavía está en su cama (algunos podrían afirmar que estaba simplemente en coma); el segundo un joven fallecido sacado de su casa pero aún no enterrado (cosas más extrañas han sucedido que una reanimación prolongada). Pero hoy nos enteramos de un hombre que lleva cuatro días muerto, enterrado y probablemente en descomposición, por lo que no hay posibilidad de que no haya muerto en realidad. Nadie podía imaginar que su renacimiento no fuera milagroso.

La propia resurrección de Jesús pone de manifiesto el modelo con un efecto culminante, preparando el milagro definitivo de la resurrección de todos los fieles.

¿Cómo podría cualquier oyente atento atreverse a burlarse de semejante prueba?

¿Cómo es que no podemos oír a Dios ahora?

**Meditación:** ¿Qué ocasiones pasadas te inspiraron dudas sobre el poder de Dios? ¿Qué aspectos de tu vida te tentaron a cuestionarte? Repasa los milagros de Jesús y reflexiona sobre uno que hable con poder especial de tus circunstancias actuales. Reza por oídos abiertos y una fe más fuerte.

**Oración:** Cristo resucitado, que cada vez que el escepticismo susurre, podamos afirmar "sí, Señor" como lo hicieron María de Betania y María de Nazaret.

*27 de marzo: Lunes de la quinta semana de Cuaresma*

## Lucha por los vulnerables

**Lecturas:** Dn 13, 1-9 15-17 19-30 33-62; Jn 8, 1-11

**Escritura:**
Toda la asamblea levantó la voz y
   bendijo a Dios, que salva a los que esperan en él.
      (Dn 13, 60)

**Reflexión:** Aunque las dos mujeres de las lecturas de hoy se enfrentan a la condena, sus diferencias son sorprendentes. Susana es virtuosa; vive en la riqueza y tiene familiares que la apoyan; está siendo incriminada por un pecado que no cometió. La mujer representada en el Evangelio de Juan, por el contrario, ha pecado indiscutiblemente y parece abandonada por todos sus amigos; ella se encuentra sola con sus jueces. Sin embargo, ambas mujeres son igual de vulnerables: son acusadas con pocos recursos propios.

Estas lecturas nos invitan a contemplar cómo podemos luchar por los más vulnerables entre nosotros. También nos llevan a pensar en nuestra propia posición frente a ese juez absoluto que es Dios. La mayoría de nosotros, como pecadores demasiado conscientes de que la condena sería apropiada, nos pareceremos mucho más a la segunda mujer que a Susana. Aunque nuestros amigos nos apoyen en la tierra, su testimonio no llegará lejos en la corte celestial; tampoco nuestra riqueza ni nuestra posición social.

¡Qué suerte tenemos de que nuestro juez definitivo no sea una autoridad terrenal rígida, sino el Dios que dijo "Tampoco yo te condeno" y que inspiró a Daniel a atrapar a los denunciantes de Susana en sus mentiras contradictorias!

¡Qué glorioso es que este mismo juez esté dispuesto a aligerar la carga de pecado que llevaremos ante él en último día!

**Meditación:** ¿Sobre quién tienes poder terrenal en tu familia, en el trabajo o en otras situaciones? La próxima vez que te enfrentes a una "sentencia", imagina lo que Jesús podría decir como abogado de la otra persona, y lo que *tú* podrías decir si fueras designado su abogado. Ten en cuenta estas ideas a la hora de tomar tu decisión.

**Oración:** Cuando sea llamado a corregir a otros, guíame por los caminos correctos, oh Dios, y trátame con misericordia cuando me enfrente al juicio.

*28 de marzo: Martes de la quinta semana de Cuaresma*

## Afrontar las transgresiones

**Lecturas:** Núm 21, 4-9; Jn 8, 21-30

**Escritura:**
"Haz una serpiente como ésas y levántala en un palo. El que haya sido mordido por las serpientes y mire la que tú hagas, vivirá". (Núm 21, 8)

**Reflexión:** "Una cosa que se puede decir de Dios en el Antiguo Testamento es que es *muy* interactivo", dice mi amigo. Sonrío, ya que yo misma he estado fascinada desde siempre por estas historias coloridas de la intervención de Dios en los seres humanos, que presentan una gran personalidad, sinceras conversaciones individuales y manipulaciones impresionantes de los fenómenos naturales.

Este camino audaz y misterioso de Dios se manifiesta plenamente en la primera lectura de hoy. ¿Por qué iba a pedir Dios a su pueblo que hiciera una serpiente de bronce y se acercara a ella para sanarse de las mordeduras de las mismas serpientes que él les infligía como castigo por la idolatría?

Como te puedes imaginar, se ha derramado mucha tinta interpretativa sobre esta extraña historia. Una de las explicaciones destaca el venerado poder sanador de las serpientes en la medicina antigua y analiza este acontecimiento como otro ejemplo de la misericordia de Dios. Otras interpretaciones identifican la estatua como una alegoría de la cruz de

Cristo: los cristianos miran su sufrimiento para ser sanados, al igual que los israelitas miraban este objeto extraño.

A riesgo de presumir, permíteme sugerir que esta historia también anticipa un tema recurrente del asesoramiento moderno: reconocer que el problema es esencial para su sanación. Esa serpiente de bronce no sólo simboliza el sufrimiento de Cristo; encarna la causa precisa del sufrimiento propio pueblo. Al igual que a un alcohólico en un programa de doce pasos se le alienta a admitir su dependencia, esos idólatras se ven obligados a mirar su idolatría literalmente a la cara, a reconocer su transgresión y el consecuente sufrimiento.

Se podría decir que es lo mismo para nosotros en el sacramento de la Reconciliación, ya que "sostenemos" nuestros pecados, admitiéndolos y reconociéndolos, antes de poder ser perdonados.

Tal vez esa historia no sea tan extraña, después de todo.

**Meditación:** ¿Participaste en el sacramento de la Reconciliación esta Cuaresma? Si no es así, enfréntate a las serpientes/ pecados de tu propia vida. Sí, puede ser incómodo ("serpiente" significa "ardiente", como un veneno ardiente). Sin embargo, ten el valor de saber que Dios estableció este sacramento precisamente porque quiere que regreses a casa, que te sanes por completo.

**Oración:** Oh Señor, deja que mi grito llegue a ti. No me dejes morir negando mi pecado.

## Verdad real, libertad real

**Lecturas:** Dn 3, 14-20 91-92 95; Jn 8, 31-42

**Escritura:**

"[Y] conocerán la verdad y la verdad los hará libres". (Jn 8, 32)

**Reflexión:** El comentario de Jesús de que "la verdad los hará libres" es ciertamente, de todos sus dichos, uno de los más ampliamente aplicados, y mal aplicados. Como adolescente de los años 60, lo conocía como un llamamiento de protesta social y política: ¡Habla/actúa con valentía y libérate de las mentiras de la sociedad! La gente todavía lo cita para justificar los enfrentamientos demasiado francos en las relaciones. Las universidades laicas lo utilizan como lema para abogar por el conocimiento del mundo. Incluso está grabado en piedra (literalmente) en la sede original de la CIA (Agencia Central de Inteligencia).

Desafiar la ignorancia y el *statu quo* puede ser ciertamente algo bueno, aprobado por las escrituras. Sin embargo, el relato de Juan deja claro que Jesús quiso decir algo más. La libertad del *pecado* es lo que significa la libertad verdadera, dice Jesús ("todo el que peca es un esclavo del pecado"; 8, 34), contradiciendo la asociación de sus oyentes del término con la liberación social ("nunca hemos sido esclavos de nadie"; 8, 33).

El tipo de libertad de Jesús no es un boleto rápido o feliz para la autorrealización o el poder en este mundo. De hecho, muchos de los que lo siguen sufrirán como él hasta la muerte, como continúan haciéndolo los mártires; algunos de los que escuchan la llamada misionera a la conversión continuarán siendo esclavos, ya que la esclavitud sigue existiendo en formas diversas.

En cambio, como escribió el padre Richard Rohr, la libertad de Jesús paradójicamente exige la entrega. Cuando dejamos de lado "lo que nos atrapa . . . nuestro pequeño yo, nuestros prejuicios culturales, incluso nuestro miedo a la pérdida y a la muerte" y aceptamos confiar absolutamente en Dios, nos liberamos de la ansiedad constante de esas preocupaciones, de la responsabilidad desesperada de manejar nuestro propio destino.

¡Qué tipo de libertad tan contradictoria es ésta! No es de extrañar que muchos la hayan malinterpretado.

Sin embargo, como personas que buscan vivir como hijos de Dios, es la libertad a la que estamos llamados.

**Meditación:** Rohr señala que hay muchas cosas que pueden mantenernos esclavizados, incluyendo la ambición de poder poder, la seguridad, el aprecio y las posesiones materiales. ¿Dónde es tan fuerte tu terrible necesidad que te resistes a permitirle a Cristo que te libere? Permítete sentir esas ansias y luego imagina en oración que lo dejas en los brazos amorosos de Cristo.

**Oración:** Ayúdame a encontrar la libertad, Cordero de Dios, en la entrega al Padre.

*30 de marzo: Jueves de la quinta semana de Cuaresma*

## Marcar un nuevo rumbo

**Lecturas:** Gn 17, 3-9; Jn 8, 51-59

**Escritura:**
"Ya no te llamarás Abram, sino Abraham . . ." (Gn 17, 5)

**Reflexión:** Una de las cosas que más me gusta de ser integrante del grupo musical de la Vigilia Pascual de nuestra parroquia es la proximidad física con los candidatos y catecúmenos cuando son acogidos en la iglesia. Resulta especialmente conmovedor estar cerca de ellos cuando se los llama por los nombres de los santos que han elegido como patronos, viendo cómo los rostros brillan con el gozo de haberse convertido en alguien nuevo, relacionado a un santo admirado. Es conmovedor reflexionar sobre qué historia o aspiración podría haber inspirado estas elecciones: Padre Pío, María Magdalena, Maximiliano Kolbe, Catalina de Siena, Dimpna. Cuando una mujer eligió a mi patrona Isabel Ana Seton, la abracé espontáneamente luego de la Misa, inundada de empatía y compañerismo por un presunto espíritu afín.

La elección de un nuevo nombre o que te elijan uno, como en el caso de Abraham, ha sido por eones un signo de nueva identidad, algo asociado a la transformación y a una nueva etapa de la vida. El nuevo nombre de Abraham es, sin duda, profético de los próximos acontecimientos: significa "padre de multitudes" en lugar de sólo "padre noble".

Los nombres nos dan algo para vivir; nos mantienen en el camino. Tanto si adoptamos una nueva versión de un nombre antiguo (en mi caso, el cambio de "Susie" a "Susan" en la edad adulta fue revolucionario), el nombre de un santo patrón o un título al que aspiramos: "Madre paciente", "Defensor de las personas sin techo", "Juez ético y justo", identificarnos de una nueva manera puede ayudarnos a ser diferentes y mejores personas.

¿Cómo te llamas en estos días?

**Meditación:** ¿Eres cercano a algún santo patrono? Si es así, agradécele con una oración y haz algo en su honor durante la Semana Santa. Si no es así, investiga a los santos para encontrar a uno cuyas circunstancias coincidan con las tuyas o que sea un modelo de cómo anhelas vivir. Pídele que te guíe a diario y, en tu propia mente, atrévete a llamarte por el nombre de ese santo.

**Oración:** Ayúdame a discernir el nombre que elegiste para mí, oh Señor. Deja que me moldee como desees.

## Hablar francamente con Dios

**Lecturas:** Jr 20, 10-13; Jn 10, 31-42

**Escritura:**
Señor de los ejércitos, que pones a prueba al justo . . .
   haz que yo vea tu venganza contra ellos. (Jr 20, 12)

**Reflexión:** Jeremías es ciertamente franco al conversar con Dios, tan familiar que su tono podría parecer casi inapropiado. Él pide directamente lo que desea aunque en algunos casos sea indudablemente duro (¡Déjame verlos sufrir!); expresa una irónica ira, acusando a Dios de haberlo seducido como se traiciona a un amigo íntimo (20, 7). ¡Qué contraste con la manera formal y genérica en que solemos rezar!

La relación de Jeremías con Dios, sin embargo, es digna de envidia, un modelo de intimidad. Tal vez podríamos considerar tomar prestada una página de su libro, admitiendo que, tanto en el matrimonio como en la amistad, ser franco con el otro, incluso aclarando las cosas de vez en cuando, es esencial para una armonía sana.

Proclamo esto, ciertamente, como alguien cuya relación con Dios se volvió perversamente más distante luego de la muerte de mi amado esposo. Al igual que un esposo malhumorado en un matrimonio fallido, hilaba relatos internos y autocomplacientes sobre las quejas en lugar de abrirme al diálogo con Dios. Especialmente en lo que respecta a la pregunta que parecía más urgente: *¿por qué no se me concedía la muerte por la que había rezado?*, me convencí de que ese Dios codicioso no me dejaría partir hasta haber completado alguna cosa pendiente a su servicio.

A continuación, se produjo una lluvia de actos meritorios: dardos lanzados enérgicamente contra un objetivo desconocido. ¡Acabemos con esto de una vez por todas!

Nada funcionó, pero finalmente la reserva de terquedad se rompió, o se ayudó a que se rompiera. Una noche, aún viva, me coloqué en una postura clásica de dirección celestial en la terraza, con las manos abiertas apuntando hacia las estrellas. "¿Es suficiente?" Me escuché a mí misma preguntar agresivamente, en voz alta. "¡¿Quieres transportarme ahora, por el amor de Dios?!" De repente me estaba riendo de mi audacia y en ese momento comenzó el resto de la historia.

"Me volví un poco loca esa noche", le admití más posteriormente a mi consejera espiritual.

Ella sonrió. "Oh, no. Creo que estabas comenzando a volverte cuerda".

**Meditación:** ¿Tienes el hábito de compartir tus pensamientos y sentimientos francamente con Dios? Si la idea te parece terriblemente atrevida, repasa los relatos del trato sencillo de Moisés (Éxodo 4, 10-17), David (Salmo 13) o Jeremías (Jeremías 20, 7-13), y recuerda que la franqueza construye la intimidad. Inicia una conversación.

**Oración:** Guíame para revelarme a ti, Padre, para que nuestra relación se profundice.

## Sintiendo lo que vendrá

**Lecturas:** Ez 37, 21-28; Jn 11, 45-56

**Escritura:**
"Profetizó que Jesús iba a morir por la nación . . ." (Jn 11, 51)

**Reflexión:** Mientras nos encontramos diciendo: "¡Dios mío, ya es Semana Santa!", las lecturas diarias han ofrecido signos de la crucifixión inminente de Cristo, que se acumulan e intensifican de manera inquietante con cada día que pasa. Al principio llegaron las murmuraciones y el escepticismo de los contemporáneos de Jesús, y luego la persecución puntillosa ("¡No deberías sanar en sábado!"). En el Evangelio de ayer, Jesús escapó por poco de ser apedreado; hoy se afirma el plan para ejecutarlo.

Si alguna vez navegaste por un río de aguas rápidas, la sensación de confrontación inminente puede traerte a la mente lugares donde el estrechamiento y la inclinación de un cañón aceleran el flujo del agua, donde un rugido sordo señala la turbulencia que se produce tras la curva.

Los que visitaban Jerusalén para la Pascua judía no dejaron de notar esas señales, suponiendo que Jesús escaparía de los problemas. Sin embargo, tras una retirada breve para recuperar el aliento, regresó con valentía, aceptando e incluso sellando su destino.

Me pregunto si Jesús pensó, cuando se avecinaba su pasión, que sus tres años de ministerio habían sido demasiado cortos, como podríamos reflexionar nosotros cuando se cierra un período notable en nuestras vidas, o si se dijo a sí mismo que el dolor duraría sólo un poco, como lo haríamos nosotros antes de una operación. Fueran cuales fueran sus pensamientos, caminó voluntariamente, un pie delante del otro, hacia la cruz.

La historia de ese juicio final, la culminación y la esencia de la Cuaresma, se encuentra inmediatamente ante nosotros en esta víspera de la Semana Santa. Como católicos diligentes, nos prepararemos para seguir su flujo en la lectura de palabras dolorosas y el cumplimiento de obligaciones solemnes, sintiendo que el río se derrama sobre la primera cornisa, montados sobre una turbulencia que amenaza con sacudir la fe.

No será cómodo, y otros podrían saltarse esta parte del viaje.

Pero es lo mínimo que podemos hacer.

**Meditación:** ¿Cómo respondes cuando sientes que se acerca una crisis inevitable? ¿Intentas ignorarla, esperando que desaparezca? O ¿rezas y te enfrentas a ella con valentía, confiando en Dios? Reflexiona sobre la valentía increíble de Jesús a lo largo de los próximos días.

**Oración:** Dios poderoso, guárdame siempre en tu cuidado cuando los problemas inminentes me desalienten.

## Aquí y ahora

**Lecturas:** Mt 21, 1-11; Is 50, 4-7; Flp 2, 6-11; Mt 26, 14–27, 66

**Escritura:**
Algunos cortaban ramas de los árboles y las tendían a su paso. (Mt 21, 8)

**Reflexión:** Mis amigos y yo sonreímos al salir de una catedral de Praga un Domingo de Ramos hace diez años, encantados con las ramas de sauce en ciernes que nos habían regalado, según la tradición regional, para que las agitáramos en la procesión. Decíamos que era encantador y amigable con el planeta ¡elegir para esta celebración un signo de vida nueva, abundante y gratuito!

Ese día, al explorar el mercado central, los lugares de interés turístico y los barrios típicos, no podíamos dejar de notar a otras personas recién llegadas de la iglesia con ramas de sauce bajo el brazo o asomando de sus bolsos.

Los aplausos habrían hecho que la conmemoración de la entrada de Jesús fuera más precisa desde el punto de vista histórico, sin duda, pero de alguna manera esas ramas humildes la hicieron más vívidamente cercana. *Si Cristo hubiera entrado hoy a Praga en lugar de Jerusalén hace siglos,* esas ramas de sauce sugerían, *esto es lo que habría abundado para reunirse y agitar. Y ¡miren qué festivamente gloriosa y común es esta pequeña rama en ciernes!*

No cabe duda de que las recreaciones históricamente exactas de los acontecimientos bíblicos pueden informarnos e inspirarnos, ya sea a través de películas costosas o escenas de pesebres en estacionamientos con animales vivos. Sin embargo, también hay mucho que decir para recordar que los cristianos no fingimos ser una multitud distante.

Porque las bendiciones de Dios aún se manifiestan como belleza cotidiana y local en nuestro aquí y ahora. Y el amor de nuestro Salvador nos sigue llamando, en días triunfales y comunes, a utilizar cualquier cosa feliz que llegue a nuestras manos para celebrar su gloria.

**Meditación:** ¿Qué follaje estacional podrías agitar si Jesús entrara hoy a tu ciudad? ¿Están floreciendo las azaleas o las forsitias? ¿Están los arbustos comenzando a tomar color verde? Lleva estas evidencias locales de renacimiento a tu espacio de oración como símbolo de los nuevos comienzos de la Cuaresma. Pidamos la gracia de seguir diciendo "¡Hosanna en las alturas!" mucho tiempo después de que haya pasado la emoción inmediata de la Semana Santa y el Domingo de Resurrección.

**Oración:** Rey de la gloria, permíteme recordar que mis propias aclamaciones, promesas, fidelidades y traiciones hacia ti importan tanto como las que se relatan en las Escrituras.

*3 de abril: Lunes Santo*

## Aprovecha el día

**Lecturas:** Is 42, 1-7; Jn 12, 1-11

**Escritura:**
"A los pobres los tendrán siempre con ustedes, pero a mí no siempre me tendrán". (Jn 12, 8)

**Reflexión:** Uno de mis amigos, un respetado ingeniero, admite que su sueño siempre fue ser un fotógrafo profesional. Como un adolescente con talento, sus imágenes impresionaron a profesores y ganaron premios (lo mejor de lo mejor) en concursos de ferias estatales. Sin embargo, la presión para estudiar algo práctico fue demasiado intensa para resistirla, y la fotografía ahora es sólo un pasatiempo. "Quizá cuando me jubile pueda tomarlo en serio", dice. "Pero a veces pienso en dónde podría estar ahora si hubiera seguido adelante con ello".

Las encuestas que estudian la "calidad de vida" revelan que las oportunidades pospuestas y perdidas nos persiguen a muchos. "Vete de viaje; pasa tiempo con tus seres queridos; persigue tus sueños", aconsejan a los que dejan pasar esas oportunidades, parafraseando el consejo que dio hace siglos el poeta romano Horacio, que instaba a los lectores a "aprovechar el día".

El Evangelio de hoy cuenta que María de Betania aprovechó uno de sus días, un momento profundamente oportuno, para derramar aceite perfumado y amor durante la última cena de su familia con Jesús. Qué consuelo habría sido ese recuerdo incluso una semana después: aunque Jesús había sufrido, al menos murió sabiendo cómo lo honraban y valoraban.

¡Qué trágico es cuando la prudencia crónica se convierte en postergación prolongada! ¡Qué alimento tan amargo pueden hacer los arrepentimientos irredimibles!

"Pronto la noche viene, ¡listos a trabajar!", aconseja el himno con ese título de Anna Coghill del siglo XIX, un mensaje relevante para muchas cosas, incluyendo la búsqueda de la vocación, la construcción de relaciones y la práctica de la fe.

¿Cómo podrían tus prácticas religiosas de la Semana Santa ser diferentes si supieras que este año será el último?

**Meditación:** Recordando a María de Betania, pregúntate si hay personas que se beneficiarían de (o que anhelan) la manifestación de tu amor y admiración. Acércate a ellos durante la Semana Santa. No esperes a un momento más conveniente.

**Oración:** Dios Creador, concédeme energía y apertura para abrazar las oportunidades de cada día.

# La tranquilidad de ser conocido

**Lecturas:** Is 49, 1-6; Jn 13, 21-33 36-38

**Escritura:**
Cuando Jesús estaba a la mesa con sus discípulos, se conmovió profundamente . . . (Jn 13, 21)

**Reflexión:** Las personas ajenas a nuestra fe podrían preguntarse cómo podemos creer en un Dios-hombre que muestra vulnerabilidad, que podría estar "conmovido profundamente" ante la traición de un simple amigo mortal, que le pide a su padre que pase un cáliz de dolor, que siente angustia física y abandono emocional en una cruz. ¿No debería una deidad estar por encima del sufrimiento, sublimemente despreocupada y ajena a los problemas terrenales? ¿Cómo puede alguien confiar en un ser sobrenatural tan . . . humano?

Qué sorpresa se llevaría esa persona al saber que la respuesta, según San Ignacio de Antioquía (entre otros), es que podemos confiar en Cristo *precisamente porque* refleja rasgos de nuestra experiencia humana que podrían parecer "poco divinos" en algunas concepciones de la divinidad. Discutiendo la herejía cristiana primitiva del docetismo (que sostenía que el cuerpo de Cristo era sólo una aparición), Ignacio argumentó que la fisicalidad de Jesús sienta un precedente irrefutable: un ser que sufre y muere, al igual que nosotros, puede tener vida eterna.

También podemos encontrar garantías más comunes en el comportamiento de Cristo en esta tierra. Por ejemplo, la tendencia a preocuparse. Si te encuentras a menudo ansioso en las vigilias de la noche, al igual que yo, podrías estar inclinado a juzgar tu fe como inadecuada. Si realmente creemos, ¿no deberíamos poder proclamar "En paz me acuesto y en seguida me duermo" (Sal 4, 9)?

Los acontecimientos de la Semana Santa nos recuerdan, sin embargo, que seguimos a un Salvador que también permaneció despierto en medio de la confusión mental mientras otros dormían, un redentor que experimentó el temor, al que se lo describe como angustiado y turbado (Marcos 14, 33-37; Juan 12, 27). Sabio en los caminos de nuestra naturaleza imperfecta, está en condiciones de ofrecer una empatía perfecta y una guía totalmente segura a través de todas nuestras vacilaciones.

Descansemos en paz en sus brazos, en la tranquilidad de ser plenamente conocidos.

**Meditación:** La próxima vez que te encuentres despierto, turbado por dudas y preocupaciones, recurre a una oración reconfortante y repetitiva como el rosario. Imagina al pastor sentado junto a tu cama, deseándote la paz.

**Oración:** Que recuerde tu sufrimiento cuando llegue el mío, amándote a Jesús, y te busque con confianza, sabiendo que tú comprendes.

## Buenos problemas

**Lecturas:** Is 50, 4-9a; Mt 26, 14-25

**Escritura:**
Pero el Señor me ayuda,
   por eso no quedaré confundido . . . (Is 50, 7)

**Reflexión:** El fallecido líder de los derechos civiles John Lewis hablaba sobre meterse en "buenos problemas", la persecución que a menudo resulta de desafiar un estatus quo inmoral. Este concepto de sufrimiento por la justicia resuena en nuestras lecturas al acercarse el Triduo: Isaías relata cómo predicar la verdad de Dios ha traído consigo violencia y vergüenza; el salmista documenta los insultos; la historia de la traición de Judas anticipa el sufrimiento de Cristo.

Aunque predicar las verdades de la fe todavía pueda hacer que en muchos países una persona sea asesinada, afortunadamente este precio rara vez se paga en los Estados Unidos. Sin embargo, nuestros hermanos y hermanas se enfrentan con frecuencia a la oposición y a la violencia por defender principios acordes con las enseñanzas de Cristo.

Algunos de ellos, como Lewis, se convierten en iconos nacionales, pero otros ejemplos menos notables aparecen en casi cualquier ciudad o institución. Probablemente conozcas a este tipo de personas valientes y francas: la mujer del ayuntamiento que mantiene la honestidad de los promotores inmobiliarios cuando el afán de lucro amenaza a los pobres o al medio ambiente; el colega que lucha por el bien de los estudiantes o pacientes o clientes por encima de la conveniencia fiscal. Habrás sido testigo de los insultos y las vergüenzas, quizá expresados con un silencio sepulcral o con una mirada de reojo que amenazan a quienes hacen agitar las aguas.

Si estás entre esos valientes, que Dios te bendiga. Si eres más reticente a meterte en un buen problema, piensa en cómo puedes apoyar a los profetas de tu alrededor cuando llegue la persecución, en lugar quedarte en tu zona de confort.

Después de todo, ¿cómo podemos pasar los próximos tres días de buena fe con Jesús, si al mismo tiempo estamos traicionando a sus herederos?

**Meditación:** Sea cual sea tu credo, sexo, nacionalidad o profesión, es probable que en el pasado alguien se haya arriesgado a hacerle frente a la autoridad en tu nombre. Investiga a alguna de estas madres/padres honrados, ya sea un miembro de la familia, un activista social o un santo, y enciende velas por ellos durante el Tiempo Pascual. Escríbele una nota de agradecimiento a un defensor vivo de la justicia.

**Oración:** Dios de la Justicia, que siempre seamos "firmes y no nos dejemos conmover. Dedicados a la obra del Señor en todo momento" incluso cuando se produzcan consecuencias preocupantes (1 Cor 15, 58).

## Seguir el camino del sacrificio de Jesús

**Lecturas:** Ex 12, 1-8 11-14; 1 Cor 11, 23-26; Jn 13, 1-15

**Escritura:**
"Les he dado ejemplo, para que lo que yo he hecho con ustedes, también ustedes lo hagan". (Juan 13, 15)

**Reflexión:** Desde sus primeros años, la tradición católica ha venerado a los mártires. Honramos sus tierras natales con peregrinaciones y las fechas de su muerte con fiestas; nuestro arte los representa usando coronas de oro. La antigua tradición cristiana sostenía que el sufrimiento de la muerte como testigos fieles ganaba la unidad inmediata con el Cristo martirizado en el cielo.

Sin embargo, aclamar a los mártires es muy diferente a imitarlos. Aunque nos asombre la valentía de los mártires, tanto los históricos como los recientes, sus terribles destinos representan una prueba que todos, salvo los mejores, estoy bastante segura, preferirían ignorar.

Sin embargo, según el Papa Francisco, nosotros también tenemos la esperanza de llevar al menos una versión de la "corona de estrellas" de un mártir (en palabras de la vieja canción evangélica). En un discurso de homenaje al mártir contemporáneo Óscar Romero, Francisco explicó que "dar la vida no significa sólo ser asesinados", sino que puede suponer, en palabras del propio Romero, "el cumplimiento honesto del deber . . . ese silencio de la vida cotidiana; dar la vida poco a poco". Cada sacrificio pequeño que ofrecemos voluntariamente con espíritu de amor es un testimonio de nuestra solidaridad con Cristo. Cada instancia que conlleve a "renunciar" a algún deseo personal poniendo a los demás primero, califica: cuando se elige una carrera de servicio mal pagada en lugar de las riquezas mundanas, cuando se sacrifica el tiempo libre para el enriquecimiento espiritual de un hijo, cuando lavamos los pies de otra persona de muchas maneras.

Tales ofrendas podrían parecer reflejos penosamente débiles de la gloria de Jesús, Sebastián o Romero. Sin embargo, estos sacrificios también reflejan el camino de sacrificar la vida para hallarla, tal como lo modeló Cristo (Mateo 16, 24-25).

Realicemos, pues, nuestros "martirios pequeños" con alegría, comprendiendo que también ellos iluminan el camino hacia la gloria.

**Meditación:** Al conmemorar el sacrificio de Jesús durante este Triduo, fíjate en las abnegaciones cotidianas en tu vida y en las de los que te rodean. Anímate, comprendiendo que estos sacrificios pequeños reflejan y construyen tu relación con Cristo.

**Oración:** Cristo crucificado, que pueda dar testimonio de tu poder en las maneras voluntarias en las que poco a poco "sacrifico mi vida".

## Buscar a Dios en el silencio

**Lecturas:** Is 52, 13 – 53, 12; Heb 4, 14-16; 5, 7-9; Jn 18,1 – 19, 42

**Escritura:**

Ante él los reyes cerrarán la boca,
porque verán lo que nunca se les había contado
y comprenderán lo que nunca se habían imaginado.
(Is 52, 15)

**Reflexión:** Hoy conmemoramos con un profundo silencio lo que debió ser un episodio disruptivamente cacofónico. Juan describe una acción caótica: la oreja cortada, Jesús capturado, los insultos de los soldados, los gritos de la multitud. Los crucificados habrían gemido y gritado; sus amigos se habrían lamentado.

Sin embargo, los fieles recordamos ese día en iglesias respetuosamente silenciosas. Salimos mudos al final de nuestros servicios, sin permitir que la conversación rompa el tenor profundo de lo que acabamos de vivir. Cada alma se queda en paz para contemplar los misterios dolorosos.

¡Qué contracultural es esto en nuestro siglo XXI hipercomunicativo! La sabiduría convencional nos insta a hablar sobre los acontecimientos inquietantes con otras personas, a buscar consejos que los expliquen y los manejen. "Reflexionar" demasiado en silencio se considera poco saludable.

Sin embargo, siglos de personas que buscaban sentirse más cerca de Dios no estarían de acuerdo. Siguiendo el ejemplo de Jesús, los monásticos, los místicos y los fieles de todo el mundo se han sumergido regularmente en la reflexión silenciosa y solitaria, creyendo, como ha escrito la Hermana Joan Chittister, que sólo en el silencio habla Dios al corazón.

Pocos de nosotros podemos mantener el Viernes Santo con un retiro contemplativo durante todo el día, dadas las responsabilidades laborales y familiares. Sin embargo, haz lo posible por experimentar el sabor de la escucha reverente en los servicios de ese día, abrazando esta invitación tan oportuna para abrir tu mente y tu espíritu a verdades demasiado profundas para ser descritas con palabras.

**Meditación:** Además de la lectura piadosa y el culto público, considera la posibilidad de dedicar un tiempo esta noche o mañana por la mañana a un pequeño retiro. Busca un lugar tranquilo donde puedas estar solo y relee las lecturas de hoy. Evita pensar demasiado; simplemente siéntate con el gran misterio del sufrimiento y muerte de Jesús, pidiéndole a Dios que deje que toque tu corazón y tu alma.

**Oración:** Habla a mi corazón, oh Cristo crucificado, mientras contemplo tu amor infinito por mí. Que el silencio sobrecogedor en el que me encuentro se convierta en un himno de alabanza hacia ti.

# Esta noche, la más sagrada

**Lecturas:** Gn 1, 1 – 2, 2; Gn 22, 1-18; Ex 14, 15 – 15, 1; Is 54, 5-14; Is 55, 1-11; Bar 3, 9-15 32–4, 4; Ez 36, 16-17a 18-28; Rom 6, 3-11; Mt 28, 1-10

**Escritura:**
Enséñame el camino de la vida,
   sáciame de gozo en tu presencia
   y de alegría perpetua junto a ti. (Sal 16, 11)

**Reflexión:** Aunque cualquier aniversario o celebración anual invite a recordar y a hacer una recapitulación, la Vigilia Pascual nos inspira de manera singular a recordar tanto nuestra historia de fe colectiva como la individual. Qué amplitud de tiempo tienen sus lecturas, que nos hacen retroceder a través de los milenios para demostrar la fidelidad de la alianza de Dios. Qué tranquilidad ofrece: que el dolor terrenal es sólo temporal; que el sacrificio de Cristo traerá consigo la unión amorosa y redentora; que los dolientes serán consolados y las faltas perdonadas; que, como se proclama al encender el cirio pascual, nos esperan "fiestas de eterna claridad" cuando termine esta vida terrenal.

Seguramente es raro el mortal que no se conmueve con estas promesas. Y para aquellos que luchan y se desesperan en esta, la noche más sagrada, sonarán con una carga aún mayor, más inmediata y personal.

Si alguna vez has sido integrante de esa tribu, puede que todas las vigilias futuras brillen con una luz particular. Puede que te estremezcas, como yo, al escuchar frases del Pregón pascual que alguna vez parecieron escritas sólo para ti, y recuerdes cómo unirte a la procesión de comunión de esta noche que alguna vez se sintió como un privilegio increíble y no como algo rutinario. Puedes dar gracias porque la gracia te ha llevado a un tiempo de relativa paz, y rezar por aquellos de la asamblea que luchan este año, pidiendo que al amanecer de la Pascua ellos también sean consolados y fortalecidos en la fe.

¡Qué hermosa es esta celebración anual de alabanza y promesa que culmina nuestros sacrificios cuaresmales! Qué "camino de la vida" reafirmante, atractivo abre nuestro Dios ante nosotros, esta noche y para siempre.

**Meditación:** Mientras lees las lecturas de la Vigilia o participas en la Misa de la Vigilia de esta noche, observa los momentos de celebración, las Escrituras, los cantos o las frases que te conmuevan especialmente. ¿Cómo reflejan lo que necesitas escuchar este año? Considera la posibilidad de reunirte con otras personas durante los primeros días del Tiempo Pascual para compartir tus ideas. Si es posible, planea asistir a la Vigilia Pascual el próximo año e invita a alguien nuevo a acompañarte.

**Oración:** Dios siempre fiel, que el poder santificador de esta noche llene mi corazón de consuelo y gozo.

## Celebrar el renacimiento

**Lecturas:** Hch 10, 34a 37-43; Col 3, 1-4 o 1 Cor 5, 6b-8;
Jn 20, 1-9 o Mt 28, 1-10

**Escritura:**
Éste es el día del triunfo del Señor,
    día de júbilo y de gozo. (Sal 118, 24)

**Reflexión:** Aunque la Misa de Vigilia me mantenga despierta
*más* allá de mi hora de acostarme, mi costumbre durante
décadas ha sido recibir la Pascua temprano en la mañana,
levantándome con entusiasmo para un sacrificio anual e
intencional de alabanza caminante.

Cuando el sol alcanza las crestas de las montañas del bos-
que nacional que hay cerca de mi casa, suelo envolverme en
una chaqueta cálida y un gorro de lana. Todavía es el comienzo de la primavera a 5000 pies de altitud en Idaho, y a
veces este ritual se produce con caída de nieve. El camino
forestal está asfaltado, pero el terreno que lo rodea es salvaje:
sus crestas cubiertas de enebro se elevan con fuerza y sus
cañones están repletos de vegetación. El riachuelo se preci-
pita con el deshielo; ciervos, castores, visones y algún que
otro alce vienen a beber; los halcones remontan vuelo. Los
últimos días de Pascua están adornados por las primeras
flores de primavera: lirios de glaciar, fritillarias, bellezas de
primavera.

Aunque una banda sonora electrónica normalmente anima mis típicos paseos diarios, en las mañanas de Pascua dejo el iPod en casa, cuando la música de las esferas y las reflexiones sobre la resurrección parecen mucho más apropiadas. Analizo el tiempo de Cuaresma, agradeciéndole a Dios la gracia de haber sido fiel al menos en algunos aspectos, prometiendo persistir donde he tropezado. Saboreo las ideas y las alegrías que ofrece la liturgia de este tiempo. Establezco intenciones para el Tiempo Pascual que se despliega ante mí y rezo para que surjan formas nuevas de dar testimonio del amor de Dios.

Al mismo tiempo, sin embargo, me preocupo por estar presente en esta porción sagrada de la tierra de Dios. Después de todo, observar es apreciar y hay tanto que inspira gratitud aquí, tantos signos de la rotación fiel del año.

*Gracias, Señor,* canta mi alma, *por la vida floreciente y en constante renacimiento de la tierra.*

**Meditación:** ¿Qué signos del renacimiento fiel de Dios ves en este día de Pascua? ¿Cómo ha sido renovada tu vida con una esperanza nueva? Invita a las personas con las que te reúnes hoy a compartir sus propias observaciones y a alegrarse juntos.

**Oración:** Jesús resucitado, que el espíritu de gozo de este día de Pascua siga vivo en mi corazón a lo largo de todo el año.

# Referencias

*28 de febrero: Martes de la primera semana de Cuaresma*
San Agustín de Hipona, *Sermón de la Montaña de Nuestro Señor*, Libro 2 (12-16).

*2 de marzo: Jueves de la primera semana de Cuaresma*
Lord Alfred Tennyson, "In Memoriam A.H.H." (En memoria de A.H.H.) (1850)

*5 de marzo: Segundo domingo de Cuaresma*
San Buenaventura, *Itinerario de la mente hacia Dios* (15:1), http://web.sbu.edu/theology/bychkov/itinerarium_oleg.pdf.

*9 de marzo: Jueves de la segunda semana de Cuaresma*
Mensaje del santo Padre Francisco para la Cuaresma 2017, https://www.vatican.va/content/francesco/es/messages/lent/documents/papa-francesco_20161018_messaggio-quaresima2017.html.
Bernadette Farrell, "Cristo, sé nuestra luz" (Oregon Catholic Press, 1993, 2000).

*10 de marzo: Viernes de la segunda semana de Cuaresma*
Hildegarda de Bingen, "La Trinidad", de *Scivias*, Parte II, Visión 2. *Hildegard of Bingen, Selected Writings* (escritos seleccionados de Hildegarda de Bingen) (Nueva York: Penguin Classics, 2001), 21–22.
Homilía de su Santidad Benedicto XVI, Plaza de San Pedro, 24 de abril de 2005, https://www.vatican.va/content/benedict-xvi/es/homilies/2005/documents/hf_ben-xvi_hom_20050424_inizio-pontificato.html.

**13 de marzo: Lunes de la tercera semana de Cuaresma**
  San Agustín de Hipona, Carta 118, Cap. 3 (22).

**14 de marzo: Martes de la tercera semana de Cuaresma**
*Catecismo de la Iglesia Católica*, 2ª ed. (Conferencia de Obispos
  Católicos de los Estados Unidos-Librería Editrice Vaticana,
  1997), 2840–2841.

**17 de marzo: Viernes de la tercera semana de Cuaresma**
La "hipótesis de la sabana" fue propuesta ya en el siglo XIX por
  J.B. Lamark y Charles Darwin, entre otros. Para un debate
  sobre el efecto en los seres humanos de los paisajes similares
  a los parques, véase el artículo de Jo Barton y Mike Rogerson
  "The importance of greenspace for mental health" (La im-
  portancia de los espacios verdes para la salud mental),
  *BJPsychInt*, noviembre de 2017; 14 (4): 77–81, https://www
  .ncbi.nlm.nih.gov/pmc/articles/PMC5663018.

**21 de marzo: Martes de la cuarta semana de Cuaresma**
Papa Francisco, *Laudato Si'*, Sobre el Cuidado de la Casa Común
  (2015), 220, https://www.vatican.va/content/francesco/es
  /encyclicals/documents/papa-francesco_20150524_enciclica
  -laudato-si.html.

**24 de marzo: Viernes de la cuarta semana de Cuaresma**
Óscar Romero, Sermón radial, 18 de febrero de 1979. La versión
  en lengua inglesa utilizada por la autora está tomada de *The
  Violence of Love* (La violencia del amor), traducción realizada
  por James R. Brockman (Maryknoll, Nueva York: Orbis Books,
  2004). Para un relato de la vida de Romero, véase también
  Kevin Clarke, *Oscar Romero: Love Must Win Out* (El amor debe
  triunfar) (Collegeville, Minnesota: Liturgical Press, 2014).

### 25 de marzo: La Anunciación del Señor

Esta entrada hace referencia al fresco en el dormitorio norte de la iglesia de San Marcos de Florencia, pero muchas de las otras representaciones de Fra Angelico de la escena también sugieren que María en un principio estaba inquieta.

### 26 de marzo: Quinto domingo de Cuaresma

*Catecismo de la Iglesia Católica*, 2ª ed. (Conferencia de Obispos Católicos de los Estados Unidos-Libreria Editrice Vaticana, 1997), 547–50.

San Agustín de Hipona, "Sermon 48 on the New Testament" (Sermón 48 sobre el Nuevo Testamento). Revisado y editado por Kevin Knight para New Advent, https://www.new advent.org/fathers/160348.htm.

### 29 de marzo: Miércoles de la quinta semana de Cuaresma

Richard Rohr, "La verdad los hará libres", 14 de junio de 2020, Center for Action and Contemplation (Centro de acción y contemplación), https://cac.org/the-truth-will-set-you-free -2020-06-14/.

### 6 de abril: Jueves Santo

Discurso del santo Padre Francisco, a una peregrinación en la República de El Salvador, 30 de octubre de 2015, https:// www.vatican.va/content/francesco/es/speeches/2015 /october/documents/papa-francesco_20151030_el-salvador. html.

### 7 de abril: Viernes Santo

Joan Chittister, "El arte del silencio", http://joanchittister.org /word-from-joan/art-silence.

# REFLEXIONES ESTACIONALES AHORA DISPONIBLES EN INGLÉS Y ESPAÑOL

## LENT/CUARESMA

**Not By Bread Alone: Daily Reflections for Lent 2023**
*Susan H. Swetnam*

**No sólo de pan: Reflexiones diarias para Cuaresma 2023**
*Susan H. Swetnam, translated by Luis Baudry Simón*

## EASTER/PASCUA

**Rejoice and Be Glad:**
**Daily Reflections for Easter to Pentecost 2023**
*George M. Smiga and Ferdinand Okorie, CMF*

**Alégrense y regocíjense:**
**Reflexiones diarias de Pascua a Pentecostés 2023**
*George M. Smiga and Ferdinand Okorie, CMF,*
*translated by Luis Baudry Simón*

## ADVENT/ADVIENTO

**Waiting in Joyful Hope:**
**Daily Reflections for Advent and Christmas 2023–2024**
*Susan H. Swetnam*

**Esperando con alegre esperanza:**
**Reflexiones diarias para Adviento y Navidad 2023–2024**
*Susan H. Swetnam, translated by Luis Baudry Simón*

Standard, large-print, and eBook editions available. Call 800-858-5450 or visit www.litpress.org for more information and special bulk pricing discounts.

Ediciones estándar, de letra grande y de libro electrónico disponibles. Llame al 800-858-5450 o visite www.litpress.org para obtener más información y descuentos especiales de precios al por mayor.